Dennis Genpo Merzel

Durchbruch
zum Herzen des Zen

Aus dem Amerikanischen von
Christian Quatmann

Eugen Diederichs Verlag

Die Originalausgabe erschien 1991 unter dem Titel
The Eye Never Sleeps. Striking to the Heart of Zen
bei Shambhala, Boston

Übersetzung des Vorwortes und des Glossars:
Stefan Lindner, Dresden
Redaktionelle Mitarbeit: Ingrid Holzhausen, München

Die Deutsche Bibliothek – CIP-Einheitsaufnahme
Merzel, Dennis Genpo:
Durchbruch zum Herzen des Zen/Dennis Genpo Merzel.
Aus dem Amerikan. von Christian Quatmann.
[Übers. des Vorw. und des Glossars Stefan Lindner]. –
München: Diederichs, 1994
  (Diederichs Gelbe Reihe; 111)
Einheitssacht.: The eye never sleeps <dt.>
ISBN 3-424-01165-7
Ne: GT

Umschlaggestaltung: Zembsch' Werkstatt unter Verwendung
einer Zeichnung von Klaus Holitzka (»Die Leere des Zen«,
München 1992)
Produktion: Tillmann Roeder, München
Satz: Design-Typo-Print GmbH, Ismaning
Druck und Bindung: Pressedruck, Augsburg
Printed in Germany

ISBN 3-424-01165-7

Inhalt

Vorwort

Diese vierzehn Dharma-Vorträge über das altchinesische Zen-Gedicht *Hsin-hsin-ming* hielt Genpo Sensei im Frühjahr und Winter 1986 in Holland und England während verschiedener *Sesshin* (Tage schweigender Meditation; engl. *retreat*). Die ersten neun Vorträge wurden bereits 1987/88 in zwei Ausgaben des *Kanzeon Journal* publiziert. Jetzt wird die komplette Serie erstmals in Buchform präsentiert, so daß auch Menschen, die nicht zum Kreis der Kanzeon-Schüler gehören, Gelegenheit erhalten, von Genpo Senseis klarer und direkter Lehre zu profitieren.

Genpo Sensei hielt die Dharma-Vorträge während der Sesshin täglich vor dem Mittagessen. Er las zunächst einen Vers aus der Übersetzung des Gedichtes und sprach dann frei, wobei er jeweils auf die aktuellen Bedürfnisse der Teilnehmer einging. Der Leser dieses Buches kann sich also vorstellen, wie er als Sesshin-Teilnehmer mit Genpo Sensei sitzt und Worten zuhört, die direkt für ihn gesprochen werden.

Da es sich bei diesen Vorträgen nicht um wissenschaftliche Abhandlungen zum *Hsin-hsin-ming* handelt, hat Genpo Senseis Lehrer Hakuyu Taizan Maezumi Rōshi, der Abt des Zen Center of Los Angeles, freundlicherweise eine Einführung zum Hintergrund des altchinesischen Textes beigetragen. Wir haben in diesem Buch (mit freundlicher Genehmigung des Verlags White Pine Press und des Übersetzers) durchgängig eine leicht modifizierte Version der englischen Übersetzung des Gedichtes von Richard B. Clarke verwendet und diesen Text im Anschluß an die Vorträge nochmals in seiner Gesamtheit (hier in deutscher Übertragung) abgedruckt.

Zwar werden die meisten der in diesem Buch verwendeten zen-buddhistischen Begriffe bereits bei ihrer ersten Nennung kurz erläutert, doch findet der uneingeweihte Leser am Ende dieses Buches überdies ein hilfreiches Glossar. Da es eine neutrale Bezeichnung für die beiden Begriffe »Großer Lehrer« und »Dharma-Vorfahre« nicht gibt, wurde der historische Titel *Patriarch* beibehalten.

Bei der Aufbereitung der Vorträge für dieses Buch habe ich mich bemüht, den in der gesprochenen Sprache lebendigen Ausdruck des Buddha-Dharma in eine kompakte und lesbare schriftliche Form zu bringen, die gleichzeitig die Unmittelbarkeit und Kraft der Stimme des Lehrers übermittelt. Dieser Anspruch ist dann erfüllt, wenn die gedruckten Worte wie ein Kanal wirken, durch den die Lehre frei und ungehindert zum Leser fließen kann, ohne daß dieser sich des eigentlichen Textes noch voll bewußt wird.

Mir fehlen die Worte, um meine Dankbarkeit gegenüber Genpo Sensei dafür auszudrücken, daß er mich mit der Herausgabe dieses Buches betraut hat. Für etwaige Entstellungen seiner Intentionen, zu denen es während der Übertragung seiner Darlegungen vom gesprochenen zum geschriebenen Wort gekommen sein mag, übernehme ich die volle Verantwortung und bitte zugleich um Entschuldigung.

Das Manuskript hätte kaum in dieser Form erstellt werden können, wenn mir nicht Catherine Genno Pages, Scott Daijo Springer, Hadea Munen Kriesberg, George Jisho Robertson, Monique Koren Vervecken und viele andere Kanzeon-Schüler geholfen hätten. Tatsächlich wurde dieses Buch bis zu seiner Fertigstellung von der kollektiven Energie der Kanzeon Sangha regelrecht ernährt.

Bedanken möchte ich mich auch bei Bonnie Myotai Treace vom Zen Mountain Monastery für ihre Ermutigung und editorischen Ratschläge.

In tiefer Dankbarkeit für die geduldige und mitfühlende Unterweisung Genpo Senseis übergeben wir dieses Buch der Öffentlichkeit.

Stephen Muho Proskauer

Vorwort zur deutschen Ausgabe

Seit 1982 unterrichte ich in Europa, in Deutschland seit 1984. In jedem Land sind die Menschen auf ihre Weise einzigartig, und ich arbeite sehr gern mit diesen Besonderheiten. Ich habe vor allem viel Freude an der Hingabe meiner deutschen Schüler an die Form der Übung. In der Disziplin des Zen ist die Form ein sehr wichtiger Aspekt, da im Zen nicht zwischen Form und Leerheit unterschieden wird. Wir sehen, daß die Form der äußere Ausdruck jemandes Geistesverfassung ist. Die deutschen Teilnehmer haben ein natürliches Gespür für Form und ihre korrekte Übung und eine begeisterte Aufmerksamkeit für Details. Außerdem ist ihr durchdringender Verstand außerordentlich schöpferisch. Sie sind auf eine positive Weise ernsthaft, wenn sie mit der Zen-Schulung beginnen, d. h., sie sind nicht auf der Suche nach schnellen Antworten, sondern sehr offen und bereit zu lernen.

Alt-Kaster, Mai 1994 *Dennis Genpo Merzel*
(Genpo Sensei)

Einführung in das *Hsin-hsin-ming*

Das berühmte *Hsin-hsin-ming* (jap. *Shinjinmei*) gilt als das erste Zen-Gedicht. Es besteht aus 146 Vier-Wort-Versen, die in einfacher, kompakter Gestalt den Geist des Zen direkt und lebendig zum Ausdruck bringen. An dem Gedicht sticht besonders hervor, daß es ausschließlich auf chinesisch geschrieben ist – ohne Verwendung irgendwelcher buddhistischer Begriffe in Sanskrit oder Pali.

Die wichtigsten im *Hsin-hsin-ming* behandelten Themen gehen auf authentische Schriften des großen Zen-Patriarchen Bodhidharma zurück, der den Buddhismus im sechsten Jahrhundert von Indien nach China gebracht hat. Die Wurzeln der Lehre des Bodhidharma lassen sich bis zum *Vimalakirti-nirdesha-Sūtra* zurückverfolgen, das im 2. Jahrhundert christlicher Zeitrechnung entstanden ist. Obwohl traditionell der Dritte Patriarch Chien-chih Seng-ts'an (jap. Kanchi Sōsan) als Autor des *Hsin-hsin-ming* gilt, haben einige Gelehrte aus sprachlichen Eigentümlichkeiten geschlossen, das Gedicht müsse später entstanden sein.

Wir wissen nur wenig über das Leben des Dritten Patriarchen. Der Ort und das Datum seiner Geburt sind unbekannt. Nach Auskunft des von Keizan Zenji (1268–1325) verfaßten Denkō-roku *(Aufzeichnungen des Mönchs Keizan über die Weitergabe des Lichts)* war er ein bereits über vierzig Jahre alter, unter Lepra leidender Laie, als er 551 erstmals dem Zweiten Patriarchen Hui-k'o (jap. Eka) begegnete. Tief beeindruckt von dem Verständnis, das dieser Laie für den Dharma entwickelt hatte, schor Hui-k'o das Haupt des Dritten Patriarchen und nannte ihn Seng-ts'an (Juwel der Gemeinde). Seng-ts'an (jap. Sōsan) wurde im folgenden allmählich von seiner Krankheit geheilt. Nachdem die beiden sich zwei Jahre lang gemeinsam der Meditation gewidmet hatten, überreichte Hui-k'o dem nun Geheilten Robe und Essensschale als Zeichen für die Übertragung des Dharma.

In Vorahnung der von Bodhidharma prophezeiten Verfolgung der Buddhisten in China befahl Hui-k'o seinem Nachfolger, sich in den Bergen zu verstecken und nicht zu lehren. Der Dritte Patriarch lebte daraufhin mehr als zwanzig Jahre lang in Ch'ung-kung shan und Ssu-k'ung shan in völliger Zurückgezogenheit. Später traf er den Mönch Tao-hsin und ernannte ihn zu seinem Dharma-Nachfolger. Danach begab sich der Dritte Patriarch für drei Jahre nach dem nordöstlich von Kung-tung (Kanton) gelegenen Lo-fu shan. Anschließend kehrte er nach Ch'ung-kung shan zurück und starb dort im Jahr 606. Der Legende zufolge verschied er, während er mit zusammengelegten Handflächen *(Gasshō)* unter einem großen Baum stand.

Der Titel Hsin-hsin-ming läßt sich vielleicht am besten mit *Verse über den Glaubens*-Geist** übersetzen. Bisweilen wird der Titel eines Gedichts mit der Stirn eines Menschen verglichen, von der die einzigartigen Charakteristika des Betreffenden abzulesen sind. Das in der Gedichtüberschrift *Hsin-hsin-ming* verwendete *hsin* bedeutet gemeinhin soviel wie »Glaube«, »Vertrauen«. Das Wort wird aber im Kontext der Verse auch noch in einem anderen Sinn gebraucht, etwa ganz am Ende des Gedichts, wo es heißt:

Hsin hsin pu erh
Glaubens-Geist sind nicht zwei,
Pu erh hsin hsin
Nichtdualer Glaubens-Geist.

---

* Engl. *Verses on the Faith Mind;* Genpo Sensei übersetzt es in einem Sinn, dem im Deutschen der Titel *Gedicht vom Vertrauens-Geist* am nächsten kommt. Bekannt sind auch die Übertragungen *Verse über den Glaube-Geist* und *Die Meißelschrift vom Glauben an den Geist.*

Der Übersetzer gibt diese Verse wieder mit:

> In diesem Vertrauen leben ist der Weg zur Nichtdualität,
> weil das Nichtduale eins ist mit dem vertrauenden Geist.

In diesem Zusammenhang ist unter *Glaube* nicht das übliche »An-etwas-Glauben« zu verstehen; der Glaube selbst ist vielmehr die eigentliche *Grundtatsache* der Existenz, er ist die Wirklichkeit selbst. Dōgen Zenji sagt in seinem *Shōbō-genzō:* »Ohne Erlangung der Buddhaschaft tritt der Glaube nicht zutage. Wo Glaube zutage tritt, treten Buddhas und Patriarchen in Erscheinung.« Im *Nirvāna-Sūtra* heißt es: »Großer Glaube ist nichts anderes als Buddha-Natur.« Kotsan Garyu sagt, daß »eintausendsiebenhundert Kōan zusammengenommen Ausdruck dieses Geistes sind«.

Das Wort *ming* bedeutet sowohl »geschriebener Ausdruck« als auch »Warnung, Ermahnung«. Man könnte den Titel deshalb auch so übersetzen: »Die durch Worte ausgedrückte Tatsache, daß der Wesensgrund der Existenz und der gesamten Welt der Phänomene nichts anderes ist als der Glaubens-Geist.« So heißt es im *Hsin-hsin-ming:*

> Obwohl alle Zweiheit aus dem Einen kommt,
> darfst du auch nicht dem *Einen* anhängen.

Das heißt, am Grund der »Zwei« ist das »Eine« und an dessen Grund die »Null«. Und diese Null ist »ebendies«, der ungeborene eine Geist, eben der Glaubens-Geist.

Seit der Zeit seiner Entstehung bis heute ist das Hsin-hsin-ming von diversen Gelehrten übersetzt und von verschiedenen chinesischen und japanischen Meistern, die zahlreiche Kommentare zu diesem Gedicht verfaßt haben, hoch geschätzt worden. Die häufigen Verweise der Meister auf das Gedicht sind ein Beleg dafür, daß der Text den Geist des Zen wahrhaftig zum Ausdruck bringt.

Während der Sung-Dynastie verfaßte Chen-hsieh Ch'ing-liao (jap. Shinketsu Seiryō; 1088–1151) mit dem Gedicht *Hsin-hsin-ming-nien-ku* den ersten bedeutenderen Kommentar.

Zweihundert Jahre später – also während der Yuan-Dynastie – schrieb Chung-feng Ming-pen (jap. Chuho Myohun; 1263–1323) ebenfalls einen Kommentar zum *Hsin-hsin-ming*. Und 1667 – also während der Ming-Dynastie – schrieb Wei-lin (jap. I Rin) das *Hsin-hsin-ming-chu-yu* (jap. *Jakugo*).

Dōgen Zenji (1200–1253), der Begründer der japanischen Sōtō-Schule, zitierte in seinem auf chinesisch geschriebenen Werk *Eihei-koroku* etliche Passagen aus dem *Hsin-hsin-ming*. Der Mitbegründer der Sōtō-Schule, Keizan Zenji, verfaßte 1303 unter dem Titel *Hsin-hsin-ming-nentei (Teishō über das Hsin-hsin-ming)* die wohl berühmteste japanische Kommentierung des Gedichts. Während der Edo-Periode schrieb Kozan Garyu 1781 den Kommentar *Hsin-hsin-ming-yatosui*, in dem auch Chen-hsieh Ch'ing liaos Verse und Keizans *Nentei* enthalten sind. Der Rinzai-Meister Isshi Benshu (1608–1646) hat unter dem Titel *Hsin-hsin-ming-benchu* ebenfalls einen großen Kommentar in japanischer Sprache verfaßt.

Auch in den vergangenen Jahrzehnten sind eine Reihe japanischer Kommentare erschienen. Zu den berühmtesten dieser Arbeiten zählen Kodo Sawaki Rōshis Kommentar zu Keizan Zenjis *Hsin-hsin-ming-nentei* und Kodo Akino Rōshis Anmerkungen zu Kozan Garyus *Hsin-hsin-ming-yatosui*. Überdies verdanken wir Ian Kishizawa Rōshi das *Hsin-hsin-ming-kattoshu*. Auch D. T. Suzuki hat kurze und prägnante Kommentare zum *Hsin-hsin-ming* verfaßt. Der aktuellste Kommentar stammt von Kōun Yamada Rōshi.

Genpo Senseis Interpretation des Hsin-hsin-ming ist offen und frei und nicht von den Auslegungen seiner Vorgänger beeinflußt oder eingeengt. Ich schätze seine lebendigen Darlegungen sehr und hoffe, daß sie den Leser ermutigen und inspirieren werden.

Hakuyu Taizan Maezumi

1. Sei ohne Vorlieben

Der Erhabene Weg ist nicht schwer
für den, der frei von Vorlieben ist.
Bist du ohne Liebe und Haß,
wird alles klar und unverhüllt.
Machst du jedoch nur die kleinste Unterscheidung,
dann sind Himmel und Erde unendlich getrennt.
Willst du die Wahrheit sehen,
dann sei ohne Meinung für oder gegen etwas.
Das, was du magst, gegen das zu stellen, was du nicht magst,
ist die Krankheit des Geistes.
Wird die tiefe Bedeutung der Dinge nicht erkannt,
so wird der Friede des Geistes nur nutzlos gestört.

Es ist so klar! Alles steht schon da in der ersten Strophe, wenn wir es nur ganz begreifen könnten. Aber die Frage ist: Können wir es annehmen? Können wir sehen, wie wir unsere Vorlieben pflegen und wie diese Vorlieben nur Formen des Anhaftens und der Abhängigkeit sind? Wir wissen, daß das Anhaften, das Festhalten am Selbst, die Ursache von Leiden und Verwirrung ist. Die Erste Edle Wahrheit des Buddha – *edel* genannt, weil sie jenseits von richtig und falsch ist – lautet, daß *Duhkha*, Leiden oder Unzufriedenheit, das Wesen unserer Existenz ausmacht. Die Zweite Edle Wahrheit besagt, daß die Ursache des Leidens das Begehren oder Anhaften ist.

Aus Verblendung und Verwirrung entsteht das Festhalten am Selbst, also unser Bedürfnis, die Illusion eines eigenständigen Selbst aufzubauen, eines Ego, das sich dann in unseren Vorlieben und Abneigungen zeigt. Wir klammern uns an die verschiedensten Formen des Anhaftens: Vorlieben und Abneigungen, Liebe und Haß, Leidenschaft und Aggression.

Was wir im allgemeinen Liebe nennen, beruht zum Beispiel häufig auf Anhaftung. Wir haben bestimmte Vorstellungen und Bilder im Kopf, die wir in jede unserer Beziehungen mit hineinnehmen. Wenn wir von *meinem* Mann, *meiner* Frau, *meinen* Eltern, *meinem* Kind sprechen, schleichen sich rasch Besitzansprüche ein und bestimmte Erwartungen, wie der andere sein sollte –, aber auch Eifersucht und Verlustängste, wenn wir das Gefühl haben, daß die Beziehung bedroht ist. Aufgrund der Vorstellung von einer Beziehung, die wir uns machen, werden wir abhängig und verhaftet und wollen den anderen kontrollieren und beherrschen. Auf diese Weise behandeln wir Ehepartner, Eltern und Kinder nicht wirklich als Menschen, sondern wir reduzieren sie zu bloßen Objekten. Wir bringen unser Anhaften zum Ausdruck, nicht wahre, bedingungslose Liebe. Dann fragen wir uns, warum unsere Beziehungen nicht funktionieren, weshalb wir unzufrieden und die anderen nicht glücklich mit uns sind.

Die meisten von uns wollen, daß unsere Kinder all die anderen Kinder übertreffen, in der Schule die besten Noten bekommen und auch im Sport Spitzenleistungen bringen. Indem wir sie so als »Verlängerung« unseres eigenen Ego behandeln, demonstrieren wir unser eigenes Anhaften. Ich hatte früher große Schwierigkeiten mit meinem Vater, weil sein Ego sich sehr mit meinen Leistungen als Schwimmer verband. Er selbst hatte sich nie mit anderen auf diese Art messen können, weil er bereits mit zehn Jahren hatte arbeiten müssen. Obwohl er immer gerne Sport getrieben hätte, hatte er dazu nie eine Gelegenheit; so mußte ich ihm als »Verlängerung« seines Ego dienen, um seine unerfüllten Wünsche zu befriedigen.

Obwohl ich das Schwimmen liebte, habe ich irgendwann angefangen, es zu hassen, weil mein Vater mir immer im Nacken saß, mich anpeitschte und mir nie einen Tag Ruhe gönnte. Ich mußte jeden Morgen um sechs Uhr aufstehen, um noch vor Schulbeginn zwischen sieben und acht trainieren zu können. Um zwei Uhr nachmittags ging es dann weiter bis sechs oder sieben Uhr abends. Nach dem Abendbrot schleppte er mich dann noch einmal für 2 Stunden zum Schwimmbecken. Zwölf Jahre lang habe ich keinen einzigen freien Tag gehabt! Und wenn das Schwimmbad, in dem ich trainierte, an einem Feiertag einmal geschlossen war, fuhren wir manchmal mit dem Auto achtzig Kilometer weit, bis wir ein geöffnetes Schwimmbad fanden.

Mittlerweile kann ich natürlich die enorme Disziplin schätzen, die dazu gehörte. Ich weiß, daß sie mir später bei der Sitz-Meditation außerordentlich zugute kam, aber der Widerwille, den ich entwickelte, war ein hoher Preis. Wenn wir versuchen, durch unsere Kinder zu leben, wenn wir wollen, daß sie die Größten sind, klammern wir uns an und benutzen sie, um unser Ego zu befriedigen.

Vielleicht sagt ihr euch: »Sicher, solche Leute kenne ich auch, aber so bin ich nicht.« Haltet hier inne und betrachtet euch ehrlich: Habt ihr irgendeine Art von Besitzanspruch, Besitzerstolz, eine Neigung zu vergleichen, wenn ihr von *meiner* Frau, *meiner* Freundin oder *meinem* Mann sprecht? Wie können wir sagen, daß jemand *mein* ist oder *mein* Besitz ist? Welche Urteile, welche starren Erwartungen, welche Bedürfnisse des Ego stehen hinter einem solchen *mein?* Wir sollten wachsam sein und es immer registrieren, wenn wir in dieser Art denken oder reden.

Dieses Besitzdenken kann uns ohnehin nicht lange zufriedenstellen. Vor einiger Zeit fiel mir auf, daß mein kleiner Sohn Tai ständig neues Spielzeug haben wollte. Ich fragte mich, wie lange er wohl brauchen werde, um herauszufinden, daß er von jedem neuen Spielzeug immer schon nach ein paar Tagen die Nase voll hat. Ich kaufte ihm ein japanisches Auto mit einem Bildschirm, auf dem er die Straße sehen konnte. Das Auto hatte außerdem eine Schaltung, so daß er schneller und langsamer fahren und sogar einen Unfall simulieren konnte. Er vergnügte sich mit dem neuen Spielzeug exakt drei Tage lang.

Ich bin genauso und ihr wahrscheinlich auch. Wir sind ganz wild auf unsere neue Schreibmaschine, unseren neuen Computer, unseren neuen Fernseher und benutzen diese Geräte ja auch tatsächlich längere Zeit; aber mit der Begeisterung ist es schnell vorbei. Alles, was neu ist, wird irgendwann alt sein. Es ist ein Naturgesetz, daß alles, was geboren wird, altert und stirbt und zu existieren aufhört. Deshalb wollen wir ständig etwas Neues haben.

In Amerika gilt dies inzwischen sogar schon für Ehepartner. Wir sind durchaus bereit, sie nach ein paar Jahren auszutauschen, wenn sie ein wenig abgenutzt und »schäbig« geworden sind. Sie versetzen uns nicht mehr so in freudige Aufregung. Fast jeder von uns tauscht sein altes Auto, seinen alten Fernseher, ja bisweilen sogar sein bisheriges Haus gegen ein neues Modell ein. Aber obwohl wir dauernd neue Menschen und Dinge in unserem Leben haben möchten, halten wir gleichzeitig eisern an unseren vorgefaßten Vorstellungen fest, wie diese sein sollten.

Aber wir haften nicht nur an Menschen und materiellen Objekten. Wegen der Bedeutung, die der korrekten Form während der Zen-Meditation beigemessen wird, sind beispielsweise manche Teilnehmer mächtig stolz darauf, wie perfekt sie die einzelnen Rituale durchführen, und beurteilen andere herablassend. Sie denken: Diese Leute beherrschen noch nicht einmal die korrekte Form; sie sind dumm; sie taugen nichts. Es könnte auch das Gegenteil eintreten: Wir könnten uns der Idee der »Nicht-Form« verschreiben, noch bevor wir gelernt haben, die Rituale richtig auszuführen. Wir machen uns über die Formen lustig, fühlen uns darüber erhaben und denken, daß die, die sich an die Rituale »klammern«, Dummköpfe sind. Aber wer ist hier wirklich der Dumme? Jeder, der den anderen für einen Dummkopf hält! Darin besteht die einzige Dummheit – ansonsten gibt es keine Dummen.

Ich kannte in der High School einmal einen Jungen, der als dumm galt, weil er sich, wenn man ihm zehn Dollar oder zehn Cent anbot, für die zehn Cent entschied. Der Bursche, der ihm das Geld angeboten hatte, erzählte allen: »Der Typ ist bescheuert.« Dann stellte ein anderer den Jungen vor die gleiche Wahl, und der entschied sich wieder für die zehn Cent. Ich fand die ganze Geschichte höchst interessant. So dumm kann er doch gar nicht sein, dachte ich. Deshalb fragte ich ihn: »Wenn dir die anderen die Wahl zwischen zehn Dollar und zehn Cent lassen, warum entscheidest du dich dann jedesmal für die zehn Cent? Begreifst du denn nicht, daß zehn Dollar hundertmal mehr wert sind als zehn Cent?« Er antwortete: »Würde ich einmal die zehn Dollar annehmen, dann würden sie das Spiel nie mehr mit mir spielen. Aber dank meiner Vorgehensweise habe ich wesentlich mehr als zehn Dollar zusammenbekommen. Ständig bietet mir irgendwer Geld an, denn alle wollen in mir den Dummkopf sehen.«

Der Zustand unseres Ego zeigt sich nicht nur im Zusammenhang mit irgendwelchen Ritualen, sondern in allem, was wir tun. Je weiter wir uns öffnen, je empfindsamer und empfänglicher wir werden, um so weniger kommt unser Ego ins Spiel, und das bleibt nicht verborgen. Wir alle sind wie ein offenes Buch, für jedermann völlig durchschaubar, der nicht in sich selbst befangen ist – und das heißt natürlich, daß kaum jemand uns wirklich wahrnimmt! Wir meinen, daß die Leute uns beobachten, und fangen deshalb an, uns selbst zu beobachten, und werden ängstlich. Aber die meisten Leute sehen nicht; sie schauen uns vielleicht an, aber sie sehen uns wirklich nicht. Sie sind viel zu sehr damit beschäftigt, darüber nachzudenken, was wir wohl über sie denken. Blickt er hinter meine Fassade, durchschaut er meine Maske? Sieht er, daß ich sie kaum aufrechterhalten kann, daß ich wirklich nicht weiß, was hier eigentlich los ist, wer ich bin, warum ich hier bin? Sieht er, daß ich in Wirklichkeit ein Niemand bin? Das denken wir in Wirklichkeit – ich bin ein Niemand. Dann versuchen wir zu beweisen, daß wir doch jemand sind, indem wir versuchen, uns selbst und andere zu kontrollieren.

Wenn ihr wirklich in euren Geist seht, werdet ihr durch euer Ego hindurchsehen. Als Eka, der spätere Zweite Patriarch, verzweifelt zu Bodhidharma kam und sagte: »Mein Geist ist noch immer nicht zur Ruhe gekommen«, entgegnete Bodhidharma: »Zeig mir deinen Geist! Wo ist dieser sogenannte Geist, der nicht zur Ruhe kommen will?« Er benutzte eine wunderbare Taktik, Upāya (Geschicklichkeit in der Methode), um Eka dazu zu bringen, seinen Blick nach innen zu richten. Eka suchte zehn Tage lang nach seinem Geist; Tag und Nacht saß er reglos da. Vielleicht lacht ihr und denkt: Wieso brauchte er zehn Tage dafür? Aber die meisten von uns suchen zehn Jahre und länger und glauben immer noch, daß *ich* und *mein* tatsächlich existieren. Wir begreifen nicht, daß die Wurzel des Problems in diesem Ich gründet, von dem wir glauben, daß wir es sind, daß wir es besitzen.

Schließlich trat Eka wieder vor das Antlitz des großen Meisters Bodhidharma mit seinen großen, lidlosen, schrecklichen Augen, der zu dieser Zeit über 115 Jahre alt war. Als Bodhidharma ein paar Tage zuvor gesagt hatte: »Zeig mir diesen Geist!«, war Eka mit eingezogenem Schwanz schlotternd davongelaufen. Aber nach diesen zehn Tagen hatte sich Eka in einen völlig neuen Menschen verwandelt. Nun, als Bodhidharma dieselbe Frage noch einmal stellte, antwortete Eka wahrheitsgemäß: »Ich habe überall nach diesem Geist gesucht, und schließlich habe ich erkannt, daß er unfaßbar, unerreichbar, unbegreifbar ist.« Er kann nicht gesehen, nicht erfaßt werden. Warum? Weil der Geist keine Gestalt, keine Form hat, weil er kein Ding, sondern ein »Nicht-Ding« ist. Er ist unermeßlich weit, schranken- und grenzenlos. Deshalb sagen wir: Übe nicht, um etwas zu erreichen, denn was immer du gewinnst, es wird in deinen Händen verfaulen. Was immer ihr glaubt zu besitzen, werdet ihr niemals für immer besitzen. Wir versuchen, uns an etwas festzuhalten, damit wir etwas haben, worauf wir uns verlassen können, denn der Boden, auf dem wir stehen, erscheint uns äußerst schwankend, gefährlich wie Treibsand. Doch er ist sogar noch schlimmer als Treibsand, er ist bodenlos. Der Boden, auf dem ihr steht, existiert nicht – kein Wunder, daß er sich so schwankend anfühlt.

Laßt ihn los, werft das Trugbild des Geistes ab. Laßt es ganz und gar abfallen!

Natürlich, ihr könnt dieses Trugbild nicht willentlich fortwerfen. Ihr müßt zulassen, daß es von euch abfällt, aber zuerst müßt ihr die Bereitschaft aufbringen, es loszulassen. An diesem Punkt kommt die Absicht ins Spiel. Eine Absicht zu haben ist nicht das gleiche, wie ein Ziel zu haben. Eine Absicht ist eine Ausrichtung, und die Ausrichtung ist am allerwichtigsten. Eure Absicht muß sein loszulassen, Körper und Geist von euch abfallen zu lassen. Es darf nicht eure Absicht sein, festzuhalten, zu gewinnen und anzuhäufen, oder ihr werdet es nie schaffen. Nur wenn eure Absicht klar ist, wenn ihr einfach nur sitzt, ohne zu versuchen, irgendwo hinzukommen oder etwas in eurer Übung zu erreichen, nur dann könnt ihr Körper und Geist wirklich loslassen. Wenn ihr den Mut aufbringt, in euren eigenen Geist hineinzublicken, werdet ihr erkennen: Aha! Kein Geist. Er ist ohne Substanz, er ist kein haltbares, festes Ding. Es gibt kein Selbst, kein Ego.

Wenn wir zum ersten Mal die Aufgabe erhalten, den Denker unserer Gedanken zu finden, sagen wir alle: »Offensichtlich bin ich dieser Denker, ich habe all diese Gedanken. Wer außer mir bringt diese Gedanken hervor?« Aber wenn wir näher hinsehen, wundern wir uns: »Mein Gott, woher kommen diese Gedanken? Ich weiß es nicht! Sie scheinen von nirgendwoher zu kommen, aus dem leeren Raum.« Sie steigen wie Blasen auf. Sie erscheinen, und dann verschwinden sie. Natürlich haben wir Vorlieben, deshalb unterdrücken wir manche Gedanken, sie gefallen uns nicht. Nachdem wir eine Zeitlang geübt haben, hören wir vielleicht auf, manche Gedanken abzuwehren und uns von anderen einlullen zu lassen. Aber wie kommen wir dazu, einige dieser Gedanken zu verachten und andere vorzuziehen – nach dem Motto: »Diese Blase ist viel schöner als jene« oder: »Diese Blase ist größer und schöner als die andere«? Blasen sind Blasen, und Gedanken sind Gedanken. Warum haben wir solche Vorlieben, welcher Gedanke gerade auftaucht? Wir haben sie ohnehin nicht unter Kontrolle. Ist euch das klar? Ihr habt keine Kontrolle. Ihr könnt nicht kontrollieren, welche Gedanken in euch auftauchen. Sie kommen aus dem Nirgendwo und kehren ins Nirgendwo zurück.

Das gleiche gilt für unsere Gefühle. Wir meinen, wir könnten unsere Gefühle kontrollieren, aber das stimmt nicht. Wenn wir auf unserem Kissen sitzen, fließen vielleicht Tränen der Trauer. Warum sollten wir diese Tränen hassen und die Freude lieben? Was ist falsch an Tränen? Solche Tränen zu produzieren ist eine natürliche Funktion von Körper und Geist, eine Methode loszulassen, eine Art der Reinigung, Läuterung.

Gedanken, Empfindungen, Gefühle, ja sogar Tränen sind wie eine Landschaft, die vorüberzieht. Wenn ihr einen Ausflug aufs Land unternehmt, sitzt ihr in eurem Auto und seht die Landschaft an euch vorüberziehen. Ihr denkt nicht darüber nach, welche Teile der Landschaft ihr liebt und welche ihr haßt. Ihr schaut nur – nicht zu interessiert oder beteiligt, doch mit einer gewissen Aufmerksamkeit – aus dem Fenster und paßt aber trotzdem auf. Seid ein unparteiischer Beobachter, wie ein Spiegel. Laßt alles, was auftaucht, herein, und wenn es sich dann wieder entfernt, laßt es ziehen, ohne es zu unterdrücken oder euch daran zu klammern. Wenn ihr es euch als eine Blase vorstellt, wie könntet ihr daran anhaften? Es ist nur eine Blase.

Das gleiche gilt für eure Phantasien. Dōgen Zenji, der Begründer des japanischen Sōtō-Zen, hat nie gesagt: »Macht euch von euren Phantasien frei.« Trotzdem denken wir: Oh, eigentlich sollte ich diese Phantasie nicht haben. Was ist an einer Phantasie falsch? Schaut sie euch einfach an. Das gleiche gilt für Verblendung: Wenn ich erleuchtet werden will, sollte ich nicht verblendet sein. Was ist das? Nur eine weitere Vorliebe. Wir ziehen Erleuchtung gegenüber Verblendung vor. Was ist an der Erleuchtung so großartig? Sie ist nicht so toll – vielleicht macht Verblendung viel mehr Spaß! Mein Lehrer Maezumi Rōshi sagte immer: »Ich ziehe es vor, verblendet zu sein.« Jetzt verstehe ich, warum: Es macht einfach mehr Spaß, deshalb zog er natürlicherweise Verblendung vor.

Tatsache ist, wenn ihr euch entschließen könnt, verblendet zu sein, dann seid ihr eins, da ihr bereits verblendet seid. Ihr befindet euch nicht mehr im Konflikt, ihr seid nicht mehr gespalten. Wenn ihr denkt: Ich muß Erleuchtung erlangen, dann glaubt ihr offensichtlich tief im Innern, daß ihr verblendet seid. Da der verblendete Mensch schlicht jemand ist, der glaubt, daß er verblendet ist, ist jeder, der meint, er müsse Erleuchtung erlangen, selbst ein verblendeter Narr! Es ist eure Verblendung wenn ihr denkt: Oh, diese großartigen Leute, diese großartigen, erleuchteten Meister sind so wundervoll, aber ich, ich bin niemand, ich bin nur ein Dummkopf.

Entscheidet euch, in Verblendung zu leben – das ist einfacher! Akzeptiert einfach, verblendet zu sein. Ja, geht sogar noch einen Schritt weiter und wünscht euch in Verblendung zu leben, bemüht euch regelrecht, verblendet zu sein! Glaubt mir, die Verblendung stellt sich rasch ein, da braucht ihr euch nicht lange anzustrengen. In dem Augenblick, in dem ihr euch entschließt, verblendet zu sein, ist bereits zur unumstößlichen Tatsache geworden, daß ihr erleuchtet seid. In unserer Zen-Praxis klammern wir uns nicht an Vorlieben. Sind wir verblendet – nun gut! Sind wir erleuchtet – auch gut! Schließlich sind »Verblendung« und »Erleuchtung« nur Vorstellungen. Es gibt keine Verblendung und keine Erleuchtung. Jemand, der dies mit seinem ganzen Wesen begreift, den bezeichnet man als »erleuchtet«.

> Der Erhabene Weg ist nicht schwer
> für den, der frei von Vorlieben ist.

Fangt einfach an, in dem Moment aufmerksam zu sein, in dem ihr Vorlieben äußert, wie beispielsweise: »Ich hab' eigentlich keine Lust, Rechnungen zu bezahlen« oder »Ich hasse es, die Wohnung zu putzen« oder »Ich kann Regenwetter nicht ausstehen«. Die Geistestätigkeit des Menschen ist ungemein gerissen. Das Leichteste von allem ist es, Vorlieben zu entwickeln, sich an etwas anzuklammern. Dabei müßt ihr euch ertappen. Paßt auf, wenn ihr euch wieder einmal an eine Vorliebe klammert. Wenn ihr mir nicht glaubt (und ich gehe nicht davon aus, daß ihr mir glaubt), dann müßt ihr es selbst herausfinden. Fangt an zu beobachten, was um euch herum und in euch passiert.

Wir denken, daß sogenannte erleuchtete Menschen deshalb so großartig sind, weil sie scheinbar ein Höchstmaß an Klarheit erreicht haben. Wir denken, sie haben den totalen Durchblick, weil sie soviel zu wissen scheinen. Aber woher haben sie diesen Durchblick? Sie haben genauso angefangen wie ihr oder ich, als ganz normale Menschen, aber irgendwann haben sie begonnen, in sich selbst hineinzuschauen. Auch Buddha selbst hat das getan; er war ein großer Wissenschaftler. Er sah ein Problem und sagte sich: Ich muß in das Wesen des Leidens hineinsehen und die Ursache herausfinden. Er war sehr intelligent. Er wußte, daß er die Antwort nicht »da draußen« finden würde, deshalb blickte er nach innen. Ihr werdet sie niemals »im Außen« finden, denn die Wurzel des Problems ist im Geist.

Wenn wir in unseren Geist hineinsehen und ihn beobachten, stellen wir fest, daß alles unbeständig ist, in ständiger Bewegung, auftaucht, verschwindet, kommt und geht. Nichts ist wirklich von Bestand. Doch worum bemühen wir uns unablässig? Darum, daß sich nichts verändert! Wir versuchen die Dinge festzuhalten, um uns geborgen und sicher zu fühlen. Die natürliche Ordnung der Dinge liegt darin, wie ein Fluß dahinzuströmen, aber dieser Fluß ist so schnell und verändert sich so rasch, daß uns ein Gefühl der Instabilität überkommt. Es gibt nichts, woran wir uns festhalten, worauf wir uns verlassen könnten, alles zieht zu schnell vorbei. Sicherheit und Schutz werden wir nur einmal finden: im Sarg! Erst dann werdet ihr in Sicherheit sein – in eurem schönen, weichen Bett mit dem bequemen Kopfkissen. Ihr werdet gut aussehen in eurem Sarg! Und ihr werdet sehr, sehr sicher sein, wenn ihr erst einmal tot seid, nur leider ist es dann für euch zu spät, euch am Leben zu erfreuen.

Wißt ihr etwa nicht, daß das Leben eine unsichere Sache, ein Risiko ist? Von dem Augenblick an, als ihr auf die Welt gekommen seid, lebt ihr mit dem Risiko des Todes. Deshalb sagen wir, daß Leben und Tod nicht zwei verschiedene Dinge sein können; sie lassen sich nicht trennen. Wie kann man das Leben ohne den Tod haben wollen? Das Leben ist zugleich die Garantie des Todes. Von dem Augenblick an, in dem ein Kind zur Welt kommt, ist sein Tod unvermeidlich.

Und dennoch klammern wir uns an den Dingen fest, obwohl klar ist, daß wir alles, was wir besitzen – sogar unser Leben –, verlieren werden. Tatsächlich neigen wir sogar dazu, um so mehr festzuhalten, je deutlicher uns bewußt ist, daß wir alles verlieren werden. Wenn wir dann verlieren, woran wir uns so krampfhaft festgehalten haben, kann es geschehen, daß wir sogar unser Leben darüber einbüßen. Wenn einem Mann die Frau wegstirbt oder einer Frau der Mann, stirbt häufig auch der übriggebliebene Partner schon kurz darauf. Ärzte und Psychologen behaupten, daß der Verlust eines Kindes, eines Ehepartners oder sogar des vertrauten Heims tödliche Krankheiten wie Krebs verursachen kann. Oder die Überlebenden hängen weiterhin so intensiv an dem verstorbenen Angehörigen, daß sie freudlos dahinvegetieren.

Nichts ist von Dauer. Es gibt nirgends einen sicheren Ort. Wir sind alle heimatlos. Manche von uns begreifen das, andere nicht. Wenn wir erkennen, daß wir wirklich heimatlos sind, werden wir mitunter Mönche, weil wir begreifen, daß das unsere Natur ist. Unsere wahre Natur hat keinen Ort, um sich niederzulassen und Ruhe zu finden. Beim *Shikantaza*, der Übung des »Nur-Sitzens«, finden wir nichts, woran wir uns festhalten können, denn so ist die Wirklichkeit: Es gibt keinen solchen Ort. Deshalb sollten wir am besten gleich zur Kenntnis nehmen: Es gibt keinen Platz, wo wir Halt machen könnten. Und trotzdem versuchen wir ständig, uns irgendwo niederzulassen, uns an etwas festzuklammern und es uns sicher und bequem zu machen.

Wir lieben es gar nicht, beständig mit dem Fluß dahinzutreiben, deshalb heben wir immer wieder am Ufer einen kleinen Tümpel aus, um aus dem unaufhörlich fließenden Strom herauszukommen. Könnt ihr das erkennen, daß euer Leben einem solchen Tümpel gleicht? Nicht einem Gewässer, in dem es von Leben nur so wimmelt, in dem Leben und Tod zyklisch einander ablösen, sondern einem stehenden, faulenden Gewässer. Es ist so geschützt und abgesichert, daß das Leben daraus gewichen ist, die lebendigen Gedanken und Gefühle abgestorben sind. Natürlich ist ein solches Dasein geschützt und sicher. Wir haben Erdwälle am Ufer des Flusses aufgebaut, um uns zu schützen, um uns so abzusichern, daß uns das Leben nicht berührt, daß uns der dahinströmende Fluß nicht erreichen kann. Und dann wundern wir uns, daß wir uns nicht wirklich lebendig und »funktionstüchtig« fühlen. Und wir fragen uns: Warum fühle ich mich manchmal halb tot?

Wir haben uns durch eine dicke Mauer vom Leben abgeschottet – nicht lediglich durch eine dünne Membran, sondern durch einen ganzen Abwehrpanzer –, weil wir die Vergänglichkeit der Dinge nicht zur Kenntnis nehmen und uns nicht mit dem Leiden – insbesondere dem Leiden der anderen – auseinandersetzen wollen. Es gibt so unendlich viel Leid, und wir wollen uns dem nicht aussetzen, damit wir es nicht spüren müssen. Es ist einfach zu schmerzhaft.

Wegen der engen Verbundenheit mit unseren Eltern haben wir zum Beispiel Schwierigkeiten, ihre Nöte wirklich an uns heranzulassen. Ich habe mich stark gegen die Schmerzen der Einsamkeit gewehrt, die meine Mutter nach dem Tod meines Vaters empfand. Diese Schmerzen waren so schlimm, daß ich sie einfach nicht ertragen konnte. Deshalb schottete ich mich ab, indem ich ihr gegenüber in altvertraute Rollen fiel. Als ich dann dieses Rollenverhalten abgeworfen und mir gestattet habe, mich auf ihren Schmerz einzulassen, veränderte sich unsere Beziehung plötzlich. Ich bin dankbar für die drei oder vier Situationen, in denen wir wirklich »eins« gewesen sind. Aber meistens falle ich in die vertrauten Rollen zurück und sie ebenfalls. Ich trete durch die Tür in ihre Wohnung, und es tut sich eine Wand zwischen uns auf. Aber manchmal, wenn wir allein sind, lassen wir nach drei, vier Stunden unsere Fassaden fallen und begegnen uns wirklich. Es braucht jedesmal seine Zeit, weil wir beide dazu neigen, zunächst unsere eingeübten Rollen auszuspielen. Und diese Rollenmuster sind nicht nur im Kopf – sie machen sich auch als körperliche Verspannungen bemerkbar; Körper und Geist sind eins. Wenn wir *sitzen,* haben wir Gelegenheit, unsere gewohnten Verhaltensmuster abzuwerfen, indem wir uns dieser Muster bewußt werden.

Ich habe einmal eine Zeitlang in einer Hütte in den Bergen gewohnt. Bis auf ein kleines Erkerfenster, das sich nicht öffnen ließ, hatten die Fenster und Türen keine Scheiben. Es war herrlich, von dort aus auf die Berge zu blicken, nur kamen bisweilen Vögel durch die Tür oder die Fenster hereingeflogen und prallten gegen das Glas des Erkerfensters. Manchmal waren sie tot, doch meistens lediglich benommen. Wenn es mir gelang, den Vogel sofort zu ergreifen und ins Freie zu bringen, dann erholte er sich für gewöhnlich. Aber wenn ich ihn nicht rechtzeitig zu fassen bekam, flatterte er panisch im Raum umher, weil er nicht erkannte, daß der Weg hinaus genau der gleiche war wie der Weg hinein.

Dieselbe Tür, durch die wir einen Raum betreten, ist zugleich auch der Ausgang! Was ist das für eine Tür? Was ist der Grund dafür, daß ein Kind in diese Welt eintritt? Sein Lebensdrang, sein Wunsch zu sein. Wenn ihr *Zazen* praktiziert, tretet ihr durch diese Tür und seht: »Oh! Wieviel Raum! Es liegt nur an der Art und Weise, wie ich die Dinge bisher wahrgenommen habe, daß ich diese Weite nicht erleben konnte.« Unsere Perspektive verändert sich, sie ist nicht mehr in einer egozentrischen Position befangen.

Am Anfang haben wir alle, die wir uns auf Zen einlassen, den Wunsch, wirklich zu leben, zu sein. Wir möchten versuchen, irgendwo hinzugelangen, jemand zu sein. Wir müssen dieses Stadium durchlaufen. Auch wenn das ein Ausdruck unseres Ego ist, das ist in Ordnung. Zu guter Letzt wird es wie eine Motte vom Licht verzehrt werden. Wenn ich zum Beispiel sage: »Erwartet nichts!«, so bilde ich mir dann nicht ein, daß ihr nichts mehr erwartet. Ihr werdet noch lange bestimmte Erwartungen mit euch herumschleppen. Ich möchte nur, daß ihr euch der richtigen Absicht bewußt seid, und die lautet: Erwarte nichts! Das gleiche, was euch hereingeführt hat, wird euch auch wieder herausführen. Es ist dieselbe Tür. Ihr müßt euch nur umdrehen.

Aber der arme Vogel macht nicht kehrt. Er fliegt wieder und wieder gegen die Glasscheibe an. Was für ein Kōan! Kōans sind lediglich ein Mittel, das wir verwenden, um euch dahinzubringen, daß ihr immer wieder in der Überzeugung mit dem Kopf gegen die Glaswand rennt, daß dort der Ausgang zu finden sei; und schon bald erscheint das Glas so dick wie eine Eisenmauer. Aber es besteht immerhin die Möglichkeit, daß ihr am Ende einfach aufgebt und euch umdreht. Denn es hat nie eine Mauer, nie eine Barriere gegeben. Wir selbst haben die Barriere geschaffen.

Bist du ohne Liebe und Haß,
wird alles klar und unverhüllt.

Wenn ihr nicht länger anklammert, wenn ihr aufhört, auf eine abhängige, besitzende Weise zu lieben, und wenn ihr keine Aversionen mehr entwickelt, dann könnt ihr die Dinge klar sehen, wie sie sind – ohne den Beobachter. Dann gibt es nur mehr Sehen und Hören. Niemand ist mehr da, nur leerer Raum! Das Selbst ist vom Selbst befreit. Wenn ihr wirklich leer und frei von Vorlieben seid, dann ist alles klar und unverhüllt, und ihr fangt an, eure eigenen und die Masken der anderen zu durchschauen.

Das ist auch die Bedrohung, die ihr empfindet, wenn ihr einem Zen-Lehrer während *Daisan* (einer formellen Lehrer-Schüler-Unterredung) gegenübersitzt – die Angst, durchschaut zu werden. Natürlich, der Lehrer durchschaut die Maske, aber er urteilt nicht. Darum seid ihr hier. Deshalb sucht ihr ihn auf: um die Maske fallenzulassen, die Trennung fallenzulassen, die es ohnehin nie wirklich gegeben hat. Sie dient uns nur als Selbst-Schutz. Wenn wir diesen Selbst-Schutz aufgeben und »eins« werden, dann wird der Lehrer zum Schüler und der Schüler zum Lehrer. Dann begreifen wir: Oh, ich bin die ganze Zeit der Meister gewesen, nicht er. Ich dachte nur, daß er es sei. Er ist nur das, durch das ich hindurchgehen muß, er ist die Tür zu der Erkenntnis, daß ich der wahre Meister bin.

Ich habe mich jahrelang geweigert, mich Maezumi Rōshi zu unterwerfen, mich ihm auszuliefern. Er war nicht vollkommen. Tatsächlich schien er sogar ziemlich unvollkommen! Und trotzdem sah es schließlich so aus, als müsse ich mich ihm unterwerfen. Ich hatte so viele Gründe, diesen Schritt immer wieder hinauszuzögern, aber als es dann geschah, wißt ihr, wie das in Wahrheit war? Das Selbst unterwarf sich dem Selbst, der Buddha dem Buddha. Nur Buddha wird eins mit Buddha. Wenn ihr loslaßt, wenn ihr euch unterwerft, dann entdeckt ihr euch selbst, findet euer wahres Selbst, euer wirkliches Selbst, findet den Meister, den Buddha. Dann müßt ihr nicht mehr vorgeben, jemand zu sein, weil ihr nämlich wißt, wer ihr seid, was ihr seid. Ihr habt großes Vertrauen in euch selbst. Ihr müßt nicht mehr jemand Besonderer sein. Ihr braucht nicht in die Politik zu gehen, um zu beweisen, daß ihr Macht habt. Ihr braucht nicht länger eure Frau oder eure Kinder zu kontrollieren, weil ihr wirklich wißt, wer ihr seid. Und doch läßt sich niemals in Worte fassen, was das bedeutet. Was ist das – euer wahres Selbst? Das wird auf ewig ein Geheimnis bleiben, denn es ist unfaßbar und unbegreiflich. Obwohl es jenseits aller Etikettierung und Worte ist, auf ewig unbenennbar, geben wir dem wahren Selbst alle möglichen Namen: Geist, Buddha, Wahres Wesen, ursprüngliches Angesicht. Aber das sind nur Etiketten. Wenn ihr wahres Selbst erfahrt, erfahrt ihr es eben. Es ist niemand da, der es erfährt, es ist einfach nur da. Dann ist der Himmel blau, die Wolken sind weiß, die Täler sind tief und die Berge hoch.

Machst du jedoch nur die kleinste Unterscheidung, dann sind Himmel und Erde unendlich getrennt.

Während des ersten *Dokusan,* das ich mit Maezumi Rōshi hatte, fragte er mich: »Bist du zufällig Vegetarier?« Ich erwiderte stolz: »Ich esse niemals Fleisch.« Und er sagte: »Klammere dich nie an eine Ideologie, einen Glauben.« Ich dachte: Aha, *das* ist also Zen: Klammere dich nie an etwas fest! Natürlich ist nichts gegen eine vegetarische Lebensweise einzuwenden, aber ich nützte diese Gelegenheit dazu, ein super-spirituelles Image zur Schau zu stellen. Rōshi hatte gleich erkannt, daß meine strikt vegetarische Lebensweise ein wichtiger Punkt in bezug auf meine Ego-Verhaftung war, und er verlor keine Zeit, mir meine spirituelle Arroganz bewußtzumachen.

Als ich nach diesem ersten *Dokusan* Rōshis Gesprächsraum verließ, sagte ich zu mir: »Das ist ein Mann, der Buddhas tötet.« Ich war ein Buddha, das wußte ich. Ich war dort als Buddha hineingegangen zum Dharma-Gefecht. Ich dachte: Ich bin erleuchtet. Ich bin der klarste Buddha, der je auf dieser Erde gewandelt ist. Wie konnte er nur glauben, daß er der Beste sei? Und er hatte mich dann mit einem Stoß erledigt! Natürlich brauchte ich noch Jahre, bevor ich völlig loslassen konnte.

Wir klammern uns an unsere Ideologien, an unsere Verblendung. Schaut in euch selbst hinein und prüft, ob ihr euch frei fühlt. Vielleicht klammert ihr euch noch an irgendwelche Ideologien oder Glaubenssysteme. Ich sage nicht: »Keine Regeln.« Ich sage nur: »Reagiert angemessen, frei.« Um die Freiheit ist es geschehen, sobald ihr euch von den Regeln fesseln laßt, sie wird aber ebenso eingebüßt, wenn ihr zwanghaft rebellisch auftretet und euch dazu hinreißen laßt, unentwegt die Regeln in Frage zu stellen.

Wir alle werden süchtig nach irgendwelchen seltsamen Glaubenssätzen wie: »Buddha hat das-und-das gesagt.« Wie viele wissen denn eigentlich, was Buddha wirklich gesagt hat? Selbst die Gelehrten können sich darauf nicht einigen. Und wer ist Buddha überhaupt? Ihr seid es. Das müßt ihr ohne den Schatten eines Zweifels erkennen. Ihr seid der Buddha, nicht irgendein historischer Buddha, der vor 2500 Jahren gelebt hat. Ihr seid der Meister! Laßt euch durch nichts konditionieren.

Willst du die Wahrheit sehen,
dann sei ohne Meinung für oder gegen etwas.

Wenn ihr die Wahrheit sehen möchtet, müßt ihr tatsächlich auf eure positiven und negativen Vorurteile verzichten. »Dies hier mag ich nicht, aber das da mag ich. Das da ist nicht gut, aber das hier ist gut.« Seid beweglich wie Wasser. Handelt es sich um einen runden Behälter, seid rund. Ist das Gefäß quadratisch, seid quadratisch. Fühlt euch in jeder Situation entspannt und zu Hause. Handelt es sich um einen offiziellen Anlaß, so seid ganz locker in dieser offiziellen Situation, handelt es sich um ein formloses Beisammensein, seid ganz entspannt in dieser formlosen Situation. Einige von euch fühlen sich vielleicht besonders wohl bei den Hippies, hingegen nicht in Gegenwart von Politikern. Wo ihr auch seid, fühlt euch zu Hause.

Was für eine Art von Freiheit ist es, wenn ihr euch nur frei fühlt, solange ihr allein seid? Ich habe ein Jahr lang in angenehmster Abgeschiedenheit in einer Hütte gelebt, und sobald ich diese Behausung verließ, war mir die Welt schon zuviel. Ich zog mich sofort wieder in meine Hütte zurück. Mitten in Los Angeles habe ich über ein Jahr gebraucht, bis ich mich nicht mehr ständig an den Gedanken klammern mußte, wie schön es doch wäre, friedlich in einer Hütte zu hocken. Wenn wir in Los Angeles *saßen*, wurde manchmal um uns herum geschossen, vor dem Fenster dröhnte aus irgendeinem Radio laute mexikanische Musik, und draußen auf der Straße wurden manchmal sogar Menschen umgebracht. Ihr müßt lernen, genau in der Mitte eures geschäftigen Lebens zu *sitzen*.

Wozu soll es gut sein, wenn ihr nur neben einem Fluß oder im stillen Kämmerlein *sitzen* könnt?

Das, was du magst, gegen das zu stellen, was du nicht magst, ist die Krankheit des Geistes.

Hier liegt die Wurzel des Problems: Immerzu stellt unser Geist das, was wir mögen, gegen das, was wir nicht mögen, das, was wir gutheißen, gegen das, was wir ablehnen. Ständig verteilen wir Tadel, als wären wir Opfer der Umstände. Das findet sogar noch in der *Zazen*-Haltung Ausdruck. Wenn wir zusammensinken und dasitzen, als hätten wir die Welt auf unseren Schultern zu tragen, definieren wir uns selbst als Opfer des Lebens. Alles ist uns zu schwer; das Leben ist einfach zuviel, und wir möchten uns am liebsten entziehen. Es gibt viele Formen der Flucht. Auch *Zazen* kann eine von ihnen sein, oder aber man zieht sich in die Berge zurück oder man stirbt an Krebs. Wir können uns sogar bewußt oder unbewußt dafür entscheiden, Selbstmord zu begehen.
Aber wenn ihr würdevoll sitzt, dann habt ihr das Gefühl, aufmerksam zu sein, zu lieben, zu geben, großzügig zu sein – denn ihr seid König, ihr seid der Buddha. Ihr seid nicht irgendein Sklave, sondern der wahre Meister! Aber solange das Ego glaubt, es sei der Meister, ist der wahre Meister abwesend, und ihr seid Sklaven des Ego und der diversen Wünsche, Verhaftungen, Vorlieben und Abneigungen. Doch wenn ihr die richtige Haltung einnehmt und aufrecht *sitzt,* dann findet ihr euer wahres Selbst. Der wahre Meister kehrt in das Haus zurück: »Oh, ich bin lange nicht mehr hier gewesen. Was ist hier inzwischen passiert? Gute Dinge, schlechte Dinge; es herrscht hier ein ziemliches Chaos. Laßt uns erst mal das Zimmer aufräumen, das Bett machen, die Dinge wieder an ihren Platz stellen. Laßt uns zunächst einmal mehr Achtung füreinander aufbringen, uns lieben, ein wenig freundlicher sein. Ich habe zuletzt wie in einem engen Kerker gelebt, wie in einem Gefängnis, deshalb hatte ich wenig Zeit und Gelegenheit, dir Wertschätzung entgegenzubringen.«

Wird die tiefe Bedeutung der Dinge nicht erkannt,
so wird der Friede des Geistes nur nutzlos gestört.

Der Friede ist unser natürlicher Geisteszustand, Klarheit der natürliche Zustand unseres Daseins. Man kann diesen Zustand mit einem Glas Wasser vergleichen, in dem sich die Verunreinigungen am Boden abgesetzt haben: Das Wasser ist klar. Das ist unser natürlicher Zustand: Ruhe, Friede, Klarheit. Aber wir rühren das Glas mit unseren Zu- und Abneigungen, Vorlieben, Ängsten, Nöten und Ärgernissen ständig um. Und so wird das Wasser immer aufs neue getrübt. Das ist zwar unnatürlich, aber es ist der Zustand, in dem wir dahinleben – irgendwo zwischen Tod und Leben, in halber Bewußtlosigkeit – und nur mit Mühe funktionieren.
Aber was sollen wir tun? Unseren Geist fallenlassen. Und wie? Indem wir hineinsehen. Dōgen Zenji sagt, daß der *Bodhi*-Geist der erwachte Geist ist, derjenige, der das ständige Entstehen und Vergehen aller Dinge sieht. So einfach ist das. Wenn ihr aufrecht *sitzt,* in der rechten Sitzhaltung, habt ihr die Chance, das Wesen aller Erscheinungen, aller Dinge zu sehen. Es ist Leerheit, jedoch nicht bloße Leere im Sinn des Leerseins von etwas, sondern unendliche Leerheit, unaufhörlich fließend, in ständiger Veränderung begriffen. Nichts ist starr und beständig, nichts hat wirklich Substanz. Dieser Körper ist substanzlos, alle Dinge sind substanzlos. Einfach das Auftauchen und die Auflösung der Dinge zu beobachten, das ist *Bodhi*-Geist.

2. Heiter in der Einheit aller Dinge

Der Weg ist vollkommen wie der weite Raum,
es gibt kein Zuwenig und kein Zuviel.
Wirklich, nur Ergreifen und Verwerfen sind der Grund,
warum wir das wahre Wesen der Dinge nicht erkennen.
Lebe weder in Verstrickung mit den äußeren Dingen
noch in der Vorstellung innerer Leerheit.
Sei heiter in der Einheit der Dinge,
und solche irrigen Ansichten verschwinden von selbst.
Wenn du versuchst, Aktivität zum Stillstand zu bringen,
    um Passivität zu erlangen,
erfüllt dich schon dieses Bemühen mit Aktivität.
Solange du in einem der Extreme weilst,
wirst du die Einheit nie kennen.

Der Weg bezeichnet das Tao, die Ordnung der Welt. Das Tao, also der Weg, ist in vollkommener Ordnung, bevor das Denken sich einmischt. Das Tao ist einfach, was es ist. Wenn wir *Zazen* praktizieren und ohne Annahme oder Ablehnung alles so sein lassen, wie es ist, ohne die Art und Weise, wie die Dinge nun einmal sind, zu befürworten oder abzulehnen, zu billigen oder abzuweisen, dann befinden sie sich bereits in vollkommener Harmonie. Aber unser rationales, dualistisches Denken kann das einfach nicht begreifen. Es ist schlicht unmöglich.

Wir sind wie ein vom Wind aufgewühlter, unruhiger, trüber See. Wir können deshalb die Dinge nicht einfach in ihrer vollkommenen Ordnung erblicken, weil das schmutzige Wasser wie ein mit Staub bedeckter Spiegel die Dinge nicht klar widerspiegeln kann. Wenn wir *sitzen* und uns zur Ruhe kommen lassen und all der Schlamm sich auf dem Boden abgesetzt hat, dann wird das Wasser kristallklar, und seine Oberfläche wird zu einem glatten Spiegel, der das Ganze so reflektiert, wie es ist. Aber solange der Wind des diskursiven Denkens unseren Geist aufwühlt und die Wasseroberfläche kräuselt, sehen wir nur Fragmente des Ganzen, und die Einheit aller Dinge bleibt uns verborgen.

Die Ursache dieser Fragmentierung ist unser dualistisches Denken, unsere Unfähigkeit, den Weg vollkommen zu sehen, wie er in seinem natürlichen Zustand ist. Das dualistische Bewußtsein wird durch den denkenden Geist erschaffen. Ein zufälliger Gedanke, der wie eine Blase zur Wasseroberfläche aufsteigt, ist kein Problem. Selbst wenn ein Zufallsgedanke nach dem anderen auftaucht, ist das kein Problem. In einem Gewässer steigen ganz von alleine Blasen auf, und auf dem Meer gibt es natürlich Wellen. In gleicher Weise ist es die natürliche Funktion unseres Geistes, Gedanken hervorzubringen. Für sich genommen, sind sie unproblematisch, aber wenn wir diese Gedanken zu einem kontinuierlichen Strom zusammenfügen, erzeugen wir die Illusion, daß es ein Selbst, ein *Ich* gibt. Hieraus entsteht die Vorstellung, daß ich als ein von der Welt getrenntes Wesen existiere: Es gibt ein *Ich* in der Welt, das in die Welt hinausblickt.

Diese Vorstellung eines getrennten Selbst ist die Fragmentierung der Welt. Deshalb ist die Wasseroberfläche nicht mehr länger glatt, der Spiegel ist zersprungen und kann das Ganze nicht mehr reflektieren. Vielleicht scheint der Vollmond am Abendhimmel, aber sein ganzes Bild wird nicht widergespiegelt; wir sehen nur Lichtflecken. In gleicher Weise ist unser Wahres Wesen immer gegenwärtig, aber wir erkennen nur Fragmente davon. Wir können es nicht in seiner Gesamtheit wahrnehmen, obwohl sich unsere wahre Natur immer manifestiert.

Das Wahre Wesen aller Dinge manifestiert sich ununterbrochen. Wenn ein Hund bellt oder auf den Boden pinkelt, verwirklicht sich die wahre Natur des Hundes. Der Hund offenbart seine Hunde-Natur, wie der Stock, der am Boden liegt, seine Stock-Natur manifestiert. Alle Dinge offenbaren stets ihr eigenes Wesen. Wir würden ja auch nie auf einen Baum zeigen und sagen: »Dieser Baum ist unvollkommen, dieser Baum verbirgt seine wahre Natur.« Wir betrachten nur uns selbst und andere Menschen und sagen: »Wir manifestieren nicht unser Wahres Wesen.«

Warum sagen wir so etwas? Weil wir, wenn es um Menschen geht, eine Idee davon haben, was es bedeutet, ein heiliger, vollkommener Mensch zu sein. Wir erkennen nicht, daß jedes menschliche Wesen ständig seine wahre Natur offenbart, egal, was die Person tut. So einfach ist das! Als menschliches Wesen könnt ihr nichts anderes tun, als euer Wahres Wesen zu manifestieren. Aber wir haben die dumme Vorstellung, die dualistische Idee, daß wir etwas Besonderes, daß wir wie Heilige, daß wir vollkommen sein müssen, um unser Wahres Wesen manifestieren zu können. Und deshalb arbeiten wir fleißig daran, vollkommen zu werden. Aber solange wir die Sache auf diese dualistische Weise angehen, werden wir nie Vollkommenheit erlangen.

Es ist wie bei dem chinesischen Yin/Yang-Symbol: Im Vollkommenen ist bereits das Unvollkommene angelegt und im Unvollkommenen das Vollkommene. Es gibt eine Geschichte über einen Mönch, der in einem Steingarten Blätter rechte. Jedes Blatt und jedes Zweiglein war an seinem Platz, und trotzdem stimmte irgend etwas nicht. Er war sich darüber völlig im klaren, aber er wußte nicht, worin das Problem bestand. Er blickte immer wieder auf den Steingarten und sah, daß irgend etwas nicht stimmte. Als der Meister ins Freie trat, sagte der Mönch zu ihm: »Seht, ich habe stundenlang in diesem Steingarten gearbeitet, und er ist immer noch nicht vollkommen.« Der Meister warf einen Blick darauf, ging dann hinüber und schüttelte einen Baum. Einige Blätter segelten zu Boden, und der Mönch sagte: »Ah!«

In der Vollkommenheit muß Unvollkommenheit enthalten sein, damit sie wirklich vollkommen ist. Mit anderen Worten: Wir können nicht in einem buchstäblichen Sinn »vollkommen« sein. So etwas wie einen vollkommenen Heiligen gibt es in Wahrheit nicht. Wenn wir in den Geist eines Heiligen hineinsehen könnten, würden wir den Sünder entdecken. Könnten wir in die Träume und Phantasien eines heiligen Menschen Einblick nehmen, so würden wir dort alle möglichen Sünden antreffen. Wenn wir alles daransetzen, Heilige zu sein, dann bedeutet das nur, daß wir versuchen, den Sünder in uns zu unterdrücken und nicht zu integrieren. Aber jeder von uns hat den Sünder und jeder Sünder hat den Heiligen in sich. Hättet ihr in die Träume eines Sünders Einblick, wißt ihr, was ihr dann entdecken würdet? Den Wunsch, ein Heiliger zu sein! Der Sünder träumt, vollkommen zu sein und Gutes zu tun. Obwohl er scheinbar nicht wie ein Heiliger handeln kann, drehen sich die Gedanken des Sünders trotzdem beständig um die Vollkommenheit, während der sogenannte vollkommene Mensch, der Heilige, alle möglichen aggressiven und erotischen Phantasien durchlebt.

Jene, die sich ernsthaft um Heiligkeit bemühen, kommen manchmal zu mir zum Daisan und erklären: »Oh, ich habe so starke sexuelle Phantasien!« Warum? Weil eine intensive Meditations-Phase all das an die Oberfläche bringt, was wir unterdrücken. Was wir verleugnen, nämlich den Sünder in uns, das kommt sogleich hoch, wenn wir uns für uns selbst öffnen. Deshalb hat Suzuki Rōshi auch gesagt: »Am liebsten würde ich meinen Schülern manchmal sagen, sie sollen ruhig ein wenig über die Stränge schlagen.« Ich sage nie zu meinen Schülern: »Mach das nicht! Sei dies! Sei jenes!« Denn sobald wir versuchen, wirklich »gut« zu sein, mag uns zwar äußerlich Erfolg beschieden sein, aber in unserem Inneren herrschen nur Chaos und Verwirrung. Wir ruhen unter solchen Bedingungen nicht wirklich in uns selbst, sind nicht in Einklang mit uns selbst, fühlen uns nicht wirklich wohl in unserer Haut, weil wir so vieles unterdrücken.

So erging es auch mir in all den Jahren meiner Zen-Praxis. Ich bemerkte, daß, wenn ich meinen sexuellen Trieb oder meine Wut oder meine Eifersucht verdrängte, all meine Träume und

Wünsche darum kreisten, mehr Sex zu haben, oder wütender und eifersüchtiger waren. Ganz tief drinnen war ich sogar auf eine subtile Art und Weise von Wut erfüllt, aber ich war mir darüber nicht im klaren. Und dann haßte ich Leute, die imstande waren, wütend zu werden: »Warum ist der und der nur immer so wütend, so eifersüchtig?«

Jahrelang hat es mich gestört, daß meine Frau so gerne andere Leute kritisierte und verurteilte. Nicht nur meine Frau, auch meine früheren Freundinnen schienen sehr kritiksüchtig zu sein. *Ich* habe natürlich andere Leute nie auf diese Weise kritisiert oder verurteilt! Eines Tages, als ich an diesem Punkt arbeitete, erkannte ich, daß ich den Richter in mir stets unterdrückt hatte. Ich war der Meinung, ein spiritueller Mensch, gar ein Zen-Mönch, sollte andere nicht beurteilen, deshalb hatte ich diesen Teil meiner Persönlichkeit völlig verdrängt. Als ich das wirklich begriffen hatte, wurde die ganze Energie, die durch meine unterdrückten Urteile gebunden war, plötzlich freigesetzt. Etliche Wochen später sagte meine Frau zu mir: »Ist dir schon aufgefallen, daß ich in letzter Zeit weniger urteile und kritisiere?« Sie hatte recht. Sie mußte nicht länger das zum Ausdruck bringen, was ich die ganze Zeit unterdrückt hatte.

Wenn uns in einer Beziehung an unserem Partner etwas besonders stört, dann sollten wir lieber prüfen, wie wir eben diesen Aspekt in uns selbst unterdrücken, wie wir ihn nicht anerkennen und uns dadurch unvollkommen machen. Wenn wir diese verschiedenen Teile unserer selbst ignorieren oder verdrängen, können wir unsere Ganzheit nicht erfahren.

Shikantaza heißt, dieser Freiraum zu sein, diesen Freiraum zuzulassen, damit alles so sein kann, wie es ist. Es ist so einfach, nur das zu sein, was wir sind. Dadurch entsteht ein gewaltiger Freiraum. Die Übersetzung des japanischen Wortes für Hölle lautet »kein Raum«. Wenn wir uns selbst keinen Raum lassen, sind wir in der Hölle, und wenn wir anderen um uns herum keinen Raum lassen, so sind sie in der Hölle.

Sie werden sich unterdrückt fühlen und schließlich wütend werden und vielleicht besitzergreifend und fordernd auf uns reagieren.

Betrachtet euch selbst und seht, was ihr unterdrückt. Ich habe erst kürzlich erkannt – und wir erkennen ständig etwas, das hört nie auf –, daß ich in mir den Perfektionisten unterdrücke. Ich habe mir jahrelang eingeredet: »Versuche nicht, vollkommen zu sein.« Es hat mich immer gestört, wenn ich Leute gesehen habe, die unbedingt vollkommen sein wollten; sie erschienen mir so verkniffen. Ich habe einfach den Teil in mir, der alles perfekt machen wollte, verdrängt, weil ich dachte, daß es falsch sei, so zu sein.

Ich habe einmal in Japan einen Mönch getroffen, der alles vollkommen richtig machen wollte. Er war ein sehr steifer Mensch, aber auch sehr stark. Ich beobachtete ihn immer wieder. Ich mochte ihn, aber irgend etwas ärgerte mich an ihm. Jedesmal, wenn wir in unser Zimmer kamen, faltete er seine sämtlichen Kleidungsstücke aufs sorgfältigste zusammen und legte sie ganz akkurat in seinen Koffer, in dem stets makellose Ordnung herrschte. Wir übrigen legten unsere Sachen nur lässig zusammen und warfen sie in unseren Koffer. Allmählich begriff ich dann, daß ich in mir jeglichen Perfektionismus unterdrückt hatte, weil ich diese Haltung steif und unnatürlich fand, und ich wollte lieber ungezwungen-natürlich wirken.

Natürlich ist es vollkommen in Ordnung, wenn jemand sich locker und natürlich gibt, aber das schließt nicht aus, daß man die Dinge mit einer gewissen Korrektheit verrichtet und achtsam ist und der Art, wie man die Kleidungsstücke zusammenlegt, Aufmerksamkeit widmet. Wir können leicht sagen: »Oh, dieser Typ ist darauf fixiert, alles perfekt zu machen«, aber vielleicht zeigt unser Urteil nur, daß wir einen Teil von uns selbst ablehnen oder unserer eigenen Lässigkeit oder Natürlichkeit verhaftet sind. Wenn dem so ist, sollten wir, statt den anderen zu verurteilen, vor der eigenen Tür kehren, uns selbst genau in Augenschein nehmen und erkennen, inwieweit wir uns damit identifizieren, alles ungenau und unvollständig zu tun.

Der Weg ist vollkommen wie der weite Raum,
es gibt kein Zuwenig und kein Zuviel.

Stellt euch den Weg nicht vor, als sei er außerhalb von euch selbst, als etwas, das von eurem Geist getrennt wäre. Wenn ihr *Zazen* übt, ist euer Geist eine unendliche Weite, ohne ein Außen, ohne Begrenzungen. Der Spiegel hat keinen Rand und keinen Ständer. Es gibt für den Geist kein Außerhalb. Ihr zeigt auf den Körper und nennt ihn Geist. Körper und Geist lassen sich nicht trennen. Geist und Körper haben kein Ende, keine Grenze, keine Schranke.

Wir alle verspüren während *Zazen* das Fließen der Energie, aber wir erkennen nicht immer, daß dieser Energiefluß keine äußere Begrenzung hat. Diese Energie strahlt in grenzenlosen, konzentrischen Kreisen aus wie Wellen, wenn man einen Stein ins Wasser wirft. Die während *Zazen* erzeugte positive Energie durchdringt in einem sehr realen Sinn – aber unsichtbar – die ganze Welt. Wenn ihr gelernt habt, richtig zu *sitzen*, spürt ihr diese Energie im Körper, wenn die Kraft des *Samādhi* (Sammlung des Geistes auf ein einziges Objekt) entsteht. Laßt euch nicht von jemandem, der nie *gesessen* und diesen Zustand nie erfahren hat, weismachen, daß es so etwas nicht geben könne, daß ein Mensch unmöglich eine solche Energie erzeugen könne. Ihr könnt es durch eure eigene Erfahrung bestätigen, wenn diese Energie durch euer *Zazen* erzeugt wird.

Und wenn wir uns einbilden, daß diese Energie in unseren physischen Körper eingeschlossen ist, in diesen Haut-Sack, und daß sie zwar »in« uns, nicht aber außerhalb von uns fließt, dann zeigt das nur, daß wir einer gewissen Arroganz verfallen sind. Warum nehmen wir an, daß wir die einzigen sind, die diese Hitze, diese Freude, diese Heiterkeit, diesen Frieden erleben? Warum sollte diese Energie an Grenzen stoßen? Warum bilden wir uns ein, daß sie irgendwo aufhört?

Woher nehmen wir die Kühnheit zu meinen, daß sie nur innerhalb der Grenzen unserer Haut erfahrbar wäre? Vielleicht weil die Konsequenzen unser Fassungsvermögen sprengen, wenn wir erst einmal anfangen, darüber nachzudenken: jedes einzelne Ereignis, sei es ein Gedanke, ein Wort oder eine Handlung, erzeugt und leitet Energie. Es ist lediglich unser eingebildeter, verblendeter Geist, der glaubt, daß diese Energie mit uns endet. Sie macht nicht an der Grenze unserer Haut halt, nicht an der Tür dieses Zimmers, noch an den Zollschranken dieses Landes oder der äußersten Schicht der Erdatmosphäre. Jedes Ereignis breitet sich wie eine Wasserwelle auf ewig in alle zehn Richtungen durch Raum und Zeit aus, denn es gibt nur das Hier und das Jetzt. Alles Vergangene und Zukünftige ist jetzt; alle Orte des Universums sind hier.

Es war einmal ein Mönch namens Hyakujō, der mit seinem Meister Baso spazierenging. Baso sah ein paar Vögel, die vorbeiflogen, und fragte: »Wo sind sie hin?« Hyakujō entgegnete: »Sie sind weggeflogen.« Da packte Baso Hyakujō kräftig an der Nase und drehte sie. Hyakujō schrie auf: »Au! Was soll das?« Baso wollte, daß sein Schüler die wahre Situation erkennt. Wohin konnten die Vögel fliegen? Gibt es einen Ort zum Weggehen? Gibt es einen Platz zum Verstecken? Irgendeinen Ort, der nicht Heimat wäre?

Von uns Mönchen wird angenommen, wir seien heimatlos, hätten unser Zuhause hinter uns gelassen. Aber sobald wir tatsächlich heimatlos sind, erkennen wir, daß überall Heimat ist. Wo immer wir uns auch aufhalten mögen, es ist unser Heim. Dieser Planet ist unser Zuhause. Wenn wir auf den Mond fliegen, sind wir daheim. Wir können unser Zuhause nicht verlassen. Es ist paradox: Wenn es keinen festen Wohnort, kein Zuhause mehr gibt, ist plötzlich überall Heimat. Genauso verhält es sich mit unserem Geist: Wenn wir uns einzig in unseren Vorurteilen, Meinungen und Vorstellungen beheimatet fühlen, dann ist unser Geist erstarrt, blockiert. Dann fühlen wir uns nur bei Menschen zu Hause, die mit unserer Philosophie übereinstimmen. Wir suchen uns Menschen aus, die unsere Ansichten teilen, und gehen jenen aus dem Weg, die andere Auffassungen vertreten, weil wir uns in ihrer Gegenwart nicht wohl fühlen.

Einer meiner Bekannten und sein Bruder haben seit zehn Jahren kein einziges Wort mehr miteinander gesprochen. Warum? Weil es eine philosophische Frage gibt, in der sie sich nicht einig werden können. Das Unternehmen, bei dem mein Freund angestellt ist, baut überall auf der Welt Atomkraftwerke, und sein Bruder ist Atomkraftgegner. Dieser Mann propagiert eine harmonische und friedvolle Welt – und vielleicht ist es wirklich ein schöner Zug, wenn jemand sich gegen die Atomkraft und die Nuklearrüstung stellt –, aber in dem Augenblick, da er erklärt: »Ich bin dagegen«, nimmt er bereits eine starre Position ein und ist blockiert. Dann sind wir gegen alle, die dafür sind. Selbst zwei Brüder stehen miteinander auf Kriegsfuß und können nicht dasselbe Haus betreten, und das alles wegen eines an sich durchaus legitimen Standpunkts. »Ich bin gegen Atomkraftwerke, ich bin gegen Atombomben, deshalb bin ich gegen meinen Bruder, deshalb kann ich mit meinem Bruder keinen Frieden schließen.« Wenn man aufhört, darüber nachzudenken, zeigt sich rasch: Dieser Standpunkt ist völlig borniert. Aber wir hören nicht auf nachzudenken. Bei anderen erkennen wir das sehr wohl, aber wenn es unsere eigenen Meinungen betrifft, sind wir reichlich kurzsichtig.

Diejenigen, die dagegen sind, erzeugen jene, die dafür sind. Denn zu einem Konflikt gehören stets zwei gegensätzliche Lager. Wenn wir beispielsweise beim Karate Freistil-Übungen machen, beobachte ich immer, daß die noch unerfahrenen Schüler sich unentwegt in einem Konflikt befinden und permanent entweder abblocken oder angreifen, das heißt, die einzigen Techniken anwenden, die sie kennen. Die erfahreneren und begabteren Schüler dagegen wissen, wie man ausweicht; sie geben einfach den Weg frei, so daß ihr Kontrahent niemanden findet, mit dem er kämpfen könnte, der ihm Widerstand entgegensetzt.

Ich erinnere mich noch gut, daß einmal jemand, der mit der Herausgabe eines der Bücher von Maezumi Rōshi befaßt war, zu diesem sagte: »Ich würde gerne zehntausend Exemplare dieses Buches drucken.« Rōshi erwiderte: »Gut, tun Sie, was Sie wollen.« Aber dann fuhr dieser Herausgeber fort: »Vielleicht ist eine Auflage von zehntausend Exemplaren sogar zuwenig, vielleicht sollten wir zwanzigtausend Bücher drucken.« Rōshi entgegnete: »Gut, tun Sie, was Sie wollen.« Dann erklärte der Mann plötzlich: »Aber ich weiß nicht, ob das Buch überhaupt etwas taugt, vielleicht sollten wir es überhaupt nicht drucken.« Rōshi sagte nur: »Gut, tun Sie, was Sie wollen.« Jetzt verkündete der Mann: »Aber es besteht auch die Möglichkeit, daß das Buch ein Bestseller wird, und wir dreißigtausend Exemplare davon absetzen können!« »Gut«, erklärte Rōshi, »tun Sie, was Sie wollen.« Dann fing der Herausgeber an nachzudenken: »Er bezieht einfach nicht Stellung, ich werde ihn dazu zwingen, einen Standpunkt einzunehmen.« Deshalb fing er jetzt an, die unverschämtesten Dinge zu sagen, und je mehr er sich ereiferte, um so weniger fand er jemanden vor, der dazu Stellung genommen hätte. Ziemlich bald mußte er sich völlig frustriert geschlagen geben, denn er traf schlicht auf keine Opposition.

Wir sind immer gegen irgend etwas, immer dafür oder dagegen. Das lernen wir bereits in der Schule. Ihr müßt eine Meinung haben, ihr müßt lieben oder hassen, bewundern oder ablehnen. Wenn ihr ein Museum besucht, erwartet man von euch, daß ihr eure Meinung kundtut: »Das hier ist ein wundervolles Bild, ein herrliches Gemälde. Oh, aber das da drüben, das ist ja schrecklich!« Ihr könnt euch einfach nicht ein Bild ansehen, *ohne* euch eine Meinung zu bilden. Was geschieht, wenn ihr all diese Meinungen aufgebt und beruflich mit Kunst zu tun habt? Dann gibt es nur mehr vollkommene Gemälde. Und in gewisser Hinsicht stimmt das ja auch, nicht wahr? Jeder Baum ist ein vollkommener Baum. Die Natur bringt nicht einige Bäume vollkommen und andere unvollkommen hervor. Das gleiche gilt für Gemälde. Wir können sagen, daß einige Bäume oder Gemälde vollkommener sind, aber nur von einem relativen Standpunkt aus betrachtet. Auch Menschen erscheinen natürlich unterschiedlich: Manche sind eher fromm, andere werden verkrüppelt geboren, manche nicht sonderlich intelligent, andere verrückt; aber wer hat darüber zu entscheiden, wer von all diesen vollkommener ist als die übrigen?

Als ich mit psychisch gestörten Kindern arbeitete, fiel mir immer wieder auf, daß etliche von ihnen sich wesentlich rückhaltloser in eine Beschäftigung stürzen konnten, als die meisten von uns das vermögen. Sie machten sich weniger Gedanken über den Eindruck, den sie machten, und über das, was die anderen von ihnen dachten. Sie waren nur völlig von ihrer jeweiligen Tätigkeit absorbiert. Wir übrigen sind zu schlau und zu kontrolliert und intellektuell, um uns so zu verhalten.

Zu Lebzeiten des Buddha gab es einen geistig nicht besonders regen Mönch, der den Buddha unbedingt einmal persönlich kennenlernen wollte. Aber die Mönche aus der Umgebung Buddhas sagten: »Du kannst ihn nicht sehen, du bist zu dumm.« Der »dumme« Mönch erklärte daraufhin: »Aber ich möchte die vierte Stufe der Arhatschaft (höchste Stufe der Erleuchtung) erlangen!« Die Mönche erwiderten: »Dazu brauchst du nicht den Buddha persönlich zu treffen. Wir werden dir helfen.« Sie wiesen ihn an, sich mit dem Gesicht zur Wand in eine Ecke zu setzen. Wie von einem unschuldigen Dummkopf nicht anders zu erwarten, tat er, wie sie ihm befohlen hatten. Die Mönche warfen eine Kokosnuß nach ihm, die ihn am Kopf traf. »Aua! Was habt ihr da getan?« – »Du hast gerade die erste Stufe der Arhatschaft erreicht«, erwiderten die Mönche. »Jetzt steh auf und setz dich da drüben in die zweite Ecke.« Als er sich in der zweiten Ecke niedergelassen hatte, warfen sie ihm abermals eine Kokosnuß an den Kopf. »Au!« – »Du hast soeben die zweite Stufe der Arhatschaft erreicht«, erklärten die Mönche. »Setz dich jetzt in die dritte Ecke da drüben.« Auch in der dritten und vierten Ecke warfen sie ihm jeweils eine Kokosnuß an den Kopf. Als diese Prozedur vorüber war, kam der »dumme« Mönch zu ihnen, machte drei Verbeugungen vor ihnen und ging als Buddha davon! Aber jene schlauen Mönche sitzen noch immer dort und überlegen, was eigentlich passiert ist; noch immer mühen sie sich ab und wissen doch, daß sie ihr Ziel noch nicht erreicht haben.

Mumon hat gesagt: »Nicht-Wissen kommt dem Einssein am nächsten.« Jenseits von Wissen und Nicht-Wissen herrscht Einssein. Wie kommt es, daß wir uns aufspalten, daß wir uns nicht *eins* fühlen? Weil wir zuviel wissen. Wir haben zuviel Wissen, zu viele Erklärungen, zu viele Informationen. Wir sind zu schlau. Egal, ob Akademiker, Professor, Doktor oder Maler, all diese Gelehrtheit behindert ein wirklich intimes Einssein.

Wenn wir alles vergessen, wenn wir den Geist fallen lassen, dann bleibt nur noch die Erfahrung selbst übrig. Wenn ihr *sitzt* und unversehens ein Donnerschlag ertönt und ihr plötzlich alles vergessen habt, was ihr wißt, ist das nicht wundervoll? Ist das nicht herrlich? Der Geist ist abgefallen, und alles ist, wie es ist! Alles ist in vollkommener Ordnung, wenn wir all unser Wissen loslassen, wenn wir den Geist fallen lassen, wenn wir das Selbst vergessen.

Manche Schüler kommen zu mir und erklären: »Ich schaffe einfach nicht den Sprung, ich kann nicht loslassen.« Warum nicht? Weil sie zu clever sind, weil sie zuviel wissen; sie wissen schon alles im voraus und begreifen alles. Sie lesen zuviel. Ich arbeite gern mit Karate-Leuten, weil sie nichts über Zen und Spiritualität wissen. Für diese Dinge haben sie sich nie interessiert, sie wollen nur kämpfen und sich selbst verteidigen können. Sie wollen stark sein; sie wollen ihr Leben unter Kontrolle haben. Sie wollen keine Angst mehr haben, wenn sie durch die Straßen gehen, deshalb üben sie Karate. Allmählich gewinnen sie dann an Selbstvertrauen, betrachten sich selbst aufmerksamer, aber für den ganzen spirituellen Kram interessieren sie sich überhaupt nicht. Wenn man mit ihnen arbeitet, kommen sie einem nicht ständig mit einem ganzen Berg von Wissen und Angelesenem. Sie wollen nur die einfachsten Dinge wissen: Wie grüße ich meinen Gegner? Wie muß ich die Beine halten? Wie nehme ich korrekt Aufstellung? Wie sieht meine Körperhaltung aus? Was soll ich mit meinem Geist machen? Die Fragen sind stets einfach und direkt und treffen ins Schwarze. Wenn ich ihnen mit intellektuellen Erklärungen oder Konzeptionen komme, sagen sie: »Augenblick mal – zeig mir einfach, wie ich sitzen, atmen, mich konzentrieren soll. Der ganze andere Kram interessiert mich nicht.«

Wirklich, nur Ergreifen und Verwerfen sind der Grund, warum wir das wahre Wesen der Dinge nicht erkennen.

Wenn ich nach Polen reise, um dort zu lehren, kommen ständig Leute, um mich zu besuchen. Einer hat einmal zu mir gesagt: »Es ist seltsam, was da in Ihrem Zimmer passiert. Sie weisen niemanden ab. Egal, wer auch hereinkommt, Sie setzen sich mit ihm zusammen und reden, schenken Tee ein und schwatzen mit ihm, bis er wieder geht. Ich konnte einige dieser Leute nicht ausstehen. Wie können Sie nur so unterschiedslos freundlich zu all diesen Leuten sein?«
Wenn wir beim *Sitzen* unentwegt bestimmte Gefühle, Gedanken und Vorstellungen abweisen und uns auf das fixieren, was man allgemein kreativ, wundervoll oder schön nennt, dann werden wir uns auch in unserem Leben so verhalten. Dann werden wir bestimmte Leute mögen, uns auf sie fixieren und uns an sie klammern, andere hingegen verachten und zurückweisen. Aber wenn wir wie unendliche Weite werden, gibt es kein Heraussuchen und Auswählen mehr. Alle Menschen sind gleich, alle sind nur eine Widerspiegelung von uns selbst; und wir können beginnen, die unterschiedlichen Eigenschaften jeder Person zu schätzen, die Schönheit eines jeden.
Jeder, selbst der häßlichste Mensch hat irgend etwas Schönes an sich, besitzt irgendwelche wundervollen Eigenschaften, und genauso hat alles Schöne irgend etwas Häßliches an sich. Man braucht nur mit jemandem zusammenzuleben, und

man wird es bald bemerken. Jeder furzt, scheißt und stinkt. Es gibt eine Geschichte über eine Frau, die zwei Affen und einen Hund mit nach Hause brachte und die Tiere im Schlafzimmer einquartieren wollte. Ihr Mann wandte ein: »Aber Liebes, und was ist mit dem Geruch?« Sie erwiderte: »Mach dir wegen des Geruchs keine Gedanken. Ich hab' mich daran gewöhnt, und sie werden sich auch daran gewöhnen.«

Lebe weder in Verstrickung mit den äußeren Dingen
noch in der Vorstellung innerer Leerheit.

Laßt euch nicht in die äußeren Dinge verstricken. Laßt euch nicht aus euch selbst herausreißen und an die Dinge binden. Wenn wir schöne Klänge hören, ziehen sie unsere Aufmerksamkeit sofort auf sich. Unser dualistisches Denken setzt ein, und schon reagieren wir positiv oder negativ: »Oh, ist die Musik aber schön!« – »Oh, das ist wirklich ein schönes Bild!« oder: »Mein Gott, ist das häßlich!« So kann es uns beim Sehen, Hören, Riechen, Schmecken, Fühlen und Denken ergehen. Warum sind wir beispielsweise so auf Sex fixiert? Weil wir uns dabei gut fühlen und deshalb von diesem Gefühl oder der Erinnerung an dieses Gefühl abhängig werden. Selbst wenn wir uns beim Sex nicht mehr so gut fühlen, bleiben wir weiterhin darauf fixiert, wie eine Ratte, die gelernt hat, ihren Weg durch ein Labyrinth zu finden, weil auf der anderen Seite eine Belohnung auf sie wartet. Wir alle sind in solchen Reaktionsmustern gefangen, in den Schlingpflanzen und Fallstricken der Sinne und verlieren unser wahres Selbst.

Wir können uns aber auch von einem inneren Gefühlszustand abhängig machen, etwa von Leerheit, und diesen Zustand wollen wir dann immer wieder herbeiführen – nach dem Motto: Ich kann von diesem Frieden gar nicht genug bekommen. Ich werde künftig noch ein längeres Sesshin machen, noch ausdauernder *sitzen,* weil ich noch mehr von diesem guten Gefühl haben möchte. Und eben dieses Streben nach mehr ist genau das, was uns davon abhält, daß wir wirklich Frieden, wirklich Ruhe finden. Das Suchen selbst ist das Problem.

Sei heiter in der Einheit der Dinge,
und solche irrigen Ansichten verschwinden von selbst.

Seid zufrieden mit den Dingen, so wie sie sind. Im natürlichen Zustand der Dinge sind wir bereits eins. Denn euer natürlicher Geist ist bereits eins. Wenn ihr versucht, eins zu werden, wenn ihr versucht, irgendwo hinzugelangen oder etwas zu erreichen, seid ihr bereits auf Abwegen. Bereits durch euer Bemühen, eins zu werden, habt ihr es verfehlt. Warum ist es nur so schwer, einfach aufrecht zu *sitzen* und natürlich zu sein? Warum ist es so schwierig, zu *sitzen* und nichts zu tun, nichts zu suchen? »Es ist sehr langweilig. Ich bringe nichts zustande. Meine Bemühungen zeigen kein Ergebnis. Ich verschwende meine Zeit!«

Wir dürfen unsere Zeit nicht verschwenden. Das rezitieren wir auch in unserem Sūtra »Identität von Relativem und Absolutem« mit den Worten: »Verschwende nicht deine Zeit – weder bei Tag noch bei Nacht.« Wißt ihr, wie wir wirklich unsere Zeit vergeuden? Indem wir den Dingen nachjagen, also genau das Gegenteil von dem tun, woran wir normalerweise glauben. Der Satz »Wenn ich sitze und nichts tue, verschwende ich meine Zeit« kehrt den wahren Sachverhalt um. »Verschwende nicht deine Zeit – weder bei Tag noch bei Nacht« bedeutet nämlich: Jage den Dingen nicht hinterher, um immer mehr anzuhäufen.

In der Zen-Praxis heißt gewinnen verlieren und verlieren gewinnen. Alles loszulassen bedeutet, alles zu gewinnen. Wenn ich einen Rosenzweig ergreife, verletzen die Dornen vielleicht meine Hände, aber immerhin ist dieser Schmerz mir bekannt und vertraut. Vertrautheit wiederum vermittelt mir ein Wohlgefühl, selbst wenn ich Schmerzen erleide. Ich habe das Gefühl, daß mein Leben sicher ist, selbst wenn es verkorkst ist. Sicherheit wollen wir mehr als alles andere. Ein bekanntes Maß an Sicherheit – auch wenn es sich um falsche Sicherheit handelt – ist erträglicher als die Wahrheit, unserer prinzipiellen Unsicherheit gegenüberzutreten.

Wenn wir der Wahrheit schließlich ins Gesicht sehen und unsere Angst loslassen, werden wir vom Dharma erfüllt. Ihr braucht nur die Hand zu öffnen, und schon werdet ihr davon erfüllt! Ihr braucht eine Menge Energie, um eure Hand geschlossen zu halten, aber wenn ihr entspannt und loslaßt, dann öffnet sich die Hand ganz natürlich und von allein – wie eine Rose. Tatsächlich erfordert es von euch mehr Kraftaufwand, verschlossen zu bleiben als euch zu öffnen. Die meisten von uns könnten wohl mit fünf Stunden Schlaf auskommen, wenn wir nicht soviel Energie benötigten, um die Selbstkontrolle zu behalten und alles zusammenzuhalten. Laßt einfach los! Aber wenn ihr fragt, wie das geht – ich kann euch darauf keine Antwort geben. Niemand kann euch sagen, wie man das macht: loslassen.

Als mein Sohn schwimmen lernte, habe ich immer zu ihm gesagt: »Also los, Tai, spring ins Wasser, spring.« Er saß am Rand des Beckens und sagte: »Okay, Daddy, ich springe gleich.«

»Tai, spring jetzt.«

»Okay, Daddy, ich tu's gleich, ich versuch's ja. Ich versuch's wirklich, Daddy, ich versuch' wirklich, loszulassen und hineinzuspringen.«

»Los, komm, Tai, spring jetzt.«

»Ja ... Morgen, morgen tu ich's ganz sicher.«

Wann wird er es tun? Woran fehlt es ihm noch? Offensichtlich an Vertrauen. Er muß mir vertrauen, er muß dem Wasser vertrauen, er muß sich selbst vertrauen. Ihr werdet den Sprung nicht wagen, ihr werdet nicht springen, solange ihr nicht darauf vertraut, daß alles schon irgendwie gutgehen wird. Wenn ihr dann den Sprung wirklich wagt, scheint es, als würde es hundert Meter tief hinuntergehen. Es gibt ein Kōan, das lautet: Wie machst du den nächsten Schritt von der Spitze einer dreißig Meter hohen Säule. Es ist, als würdet ihr in einen Abgrund stürzen und das Leben verlieren, denn ihr kennt einzig euer persönliches, begrenztes Leben. Wenn ihr springt, handelt es sich in Wahrheit nur um den nächsten

Schritt, aber das könnt ihr unmöglich wissen, bevor ihr springt. Ich kann es euch hunderttausendmal vorsagen, aber wissen werdet ihr es erst, wenn ihr euch selbst und mir und dem Geschehen soweit vertraut, daß ihr springt. Das Wasser wird euch tragen, und selbst wenn ihr untertaucht, werdet ihr wieder auftauchen. Das Universum wird euch tragen.

Wenn ihr in dieser Weise springt, werdet ihr nichts verlieren als eure persönliche Identität, euer Ego. Dafür werdet ihr aber euer wahres, euer wirkliches Leben finden, jenes Leben, das frei ist von Fesseln und Begrenzungen. Ihr werdet den unendlichen Raum entdecken, Befreiung, Frieden. Durch euer ständiges Bemühen, euch festzuklammern, seid ihr in einer winzigen Kugel aus starren Ideen und Meinungen eingesperrt. Wer kann mit alldem leben? Wer möchte mit jemandem zusammensein, der so eng, vorurteilsbeladen, widerspenstig, leicht zu verärgern, so streitsüchtig ist?

Und trotzdem klammern wir uns aus Angst um unser Leben immer wieder an dem Altbekannten fest, an dem, was uns sicher erscheint. Wir treten einhunderteinmal an den Rand des Abgrunds und sagen: »Ein andermal«, bis wir eines Tages genügend Selbstvertrauen haben, um zu springen. In jenem Augenblick sehen wir, daß uns nichts fehlt. Wir haben es bereits. Wir haben immer schon das zum Springen nötige Vertrauen gehabt. Wie können wir nur ernsthaft annehmen, daß dem wahren Geist, dem wahren Selbst je etwas gefehlt hat? Was sollte denn fehlen? Es ist ein Ganzes, eine Gesamtheit. Nur unser beschränktes, egozentrisches Selbst bildet sich ein, daß ihm etwas fehlt. Und für das Ego stimmt tatsächlich: das Leben, unser wirkliches Leben fehlt! Wenn wir jenseits des Ego hinausgehen und uns plötzlich offenbart wird, daß uns nichts fehlt, dann stellt sich unvermittelt das zum Springen nötige Vertrauen ein. Der Sprung selbst ist diese Offenbarung, die Offenbarung ist der Sprung.

Aber wir wollen schon vorher Gewißheit haben: »Garantiere mir, daß alles in Ordnung geht, daß ich meine Frau nicht verliere, mein Auto, meinen Garten, mein Haus, mein Sexualleben, meine Trinkgewohnheiten – all die Dinge, an denen ich mich erfreue und die mir sagen, wer ich bin!« Wir wollen irgendeine Garantie, aber ich kann euch nur das eine sagen: verlieren heißt gewinnen. Wenn ihr alles hingebt, werdet ihr alles gewinnen. Es gibt keinen Mangel. Ihr werdet mehr Möglichkeiten haben, als ihr überhaupt wahrnehmen könnt! Das wird das nächste Problem sein. Es wird alles im Überfluß geben, und die Frage, wie man mit dieser Situation umgeht, stellt sich dann im nächsten Stadium der Praxis.

Wenn ihr in dem ganzen weiten, tiefen Ozean aufgeht, wenn ihr euch nicht mehr mit den Wellen an der Oberfläche identifiziert, dann gibt es keinen Mangel mehr, solange ihr euch mit den Wellen identifiziert, geht euer Leben ständig auf und ab. Wenn ihr eins seid mit dem Ozean, gibt es dieses Auf und Ab nicht mehr. Alles gewinnt an Tiefe und gleicht sich aus. Jeder Tag ist ein guter Tag. Jeder Tag ist ein vollkommener Tag.

> Wenn du versuchst, Aktivität zum Stillstand zu bringen,
>   um Passivität zu erlangen,
> erfüllt dich schon dieses Bemühen mit Aktivität.

Gerade das Bemühen, den unaufhörlichen Strom der Gedanken anzuhalten, wühlt uns auf. Gebt also jegliche Anstrengung auf, das Denken einzustellen! Die einzig fruchtbare Anstrengung besteht darin, jedwede Anstrengung aufzugeben. Strebt danach, mit dem Streben aufzuhören! Wenn euch das gelingt, regelt sich alles andere von allein. Körper und Geist werden mit der Zeit von selbst abfallen, genau wie ein reifer Apfel, der vom Baum fällt. Wenn man ihn jedoch zu früh pflückt, ist er noch grün – wie einige von uns, die schon viele Kōan bestanden haben, in der Praxis jedoch unreif geblieben sind. Alles und jeder reift zu seiner Zeit. Überstürzt die Dinge nicht. Laßt ihnen Zeit, sich zu entfalten. Laßt ihnen ihren natürlichen Entwicklungsgang.

> Solange du in einem der Extreme weilst,
> wirst du die Einheit nie kennen.

Solange ihr in dem Mechanismus des Akzeptierens und Zurückweisens der Vorlieben und Abneigungen gefangen seid, werdet ihr wahren Frieden, wahres Einssein nicht kennenlernen. Denn obwohl ihr von jeher *eins* seid, erzeugen diese Dualitäten Trennungen in eurem Geist, und ihr erkennt nicht die Einheit, die ihr seid.

3. Die Rückkehr zur Wurzel

Wer nicht den einzigen WEG lebt,
verfehlt beides: Tätigkeit und Untätigkeit,
Behauptung und Verleugnung.
Die Wirklichkeit der Dinge leugnen
heißt ihre Wirklichkeit verfehlen;
die Leerheit der Dinge behaupten
heißt ihre Wirklichkeit verfehlen.
Je mehr du darüber sprichst und nachsinnst,
um so weiter entfernst du dich von der Wahrheit.
Hör auf, zu reden und zu denken,
dann gibt es nichts, was du nicht wissen kannst.
Zur Wurzel zurückzukehren heißt den Sinn entdecken,
doch den Erscheinungen nachzujagen
    heißt den Ursprung verfehlen.
Der Augenblick der inneren Erleuchtung
liegt jenseits von Erscheinung und Leerheit.
Die scheinbaren Wandlungen in der Welt der Leerheit
erscheinen uns nur aus Verblendung wirklich.
Suche nicht nach der Wahrheit;
höre nur auf, Meinungen zu hegen.

Wir sprechen hier von der WAHRHEIT, der absoluten Wahrheit, denn es gibt nur eine WAHRHEIT, einen WEG. Und dieser WEG kann in allen Religionen und religiösen Praktiken gefunden werden. Diese Aussage mag den einen oder anderen befremden, solange es noch an klarem Verständnis fehlt.
Vom relativen Standpunkt aus betrachtet, gibt es viele kleine Wahrheiten. Aber wenn wir den Gipfel erreichen und jene authentische Erfahrung machen, um die es beim Zen wirklich geht, dann wissen wir, daß es nur eine WAHRHEIT geben

kann. Für alle, die sie erfahren, ist sie gleich, egal, welcher Kultur die einzelnen angehören mögen, welcher Religion, welcher Herkunft und Vergangenheit, ob Mann oder Frau, jung oder alt, Chinese, Japaner, Inder, Engländer, Holländer, Amerikaner oder Deutscher. Die WAHRHEIT ist universell, manchmal nennen wir sie auch *Leerheit* oder *Gott.*

Aber was ist das – die WAHRHEIT? Man könnte in gewisser Hinsicht sagen, das ist es, was unsere *Praxis* ist, die WAHRHEIT zu erkennen oder zu erlangen. Und auf welchem Weg kann es uns am ehesten gelingen, diese WAHRHEIT zu finden? Wenn wir außerhalb von uns selbst nach ihr suchen, werden wir sie offensichtlich niemals erreichen. Bedauerlicherweise begreifen die meisten Leute nicht einmal das und suchen die WAHRHEIT unbeirrbar in der Welt der Erscheinungen, bei den äußeren Dingen – weil sie glauben, daß sie durch die Anhäufung von Besitz, Macht, Reichtum, Ruhm, Sozialprestige und so weiter das höchste Glück oder inneren Frieden erlangen werden. Dabei ist die Sache ganz einfach: Es bedarf nur einer geringfügigen Veränderung der Perspektive, und schon begreifen wir, daß wir *es* niemals erlangen, wenn sich der Pfeil unserer Bemühung nach außen richtet.

Es gibt für mich nichts Schöneres, als wenn einer meiner Schüler eine Dharma-Rede hält und den Pfeil nach innen richtet und den Dharma direkt vor meinen Augen offenbart. Ich fange an zu glauben: »Es funktioniert wohl wirklich. Diese blöde Praxis scheint ja wirklich zu funktionieren!« Bisweilen habe ich aber auch meine Zweifel: Unterredung nach Unterredung und immer wieder die Beobachtung, daß wir so gedankenverloren, so sehr mit uns selbst beschäftigt sind und kaum über unsere eigene Nasenspitze hinausblicken. Und dann frage ich mich: Funktioniert es wirklich? Aber dann kommen Tage, an denen ich sehe, wie Schüler zum leeren Gefäß werden und der Dharma nur so aus ihnen hervorquillt!

Es gibt ein Kōan, in dem es um zwei meiner Lieblingsfiguren – Gantō und Seppō – geht. Gantō war ungefähr fünf Jahre jünger als Seppō, aber seine Erleuchtung trat früher ein und war sehr klar. Gantō war ein Schüler des Tokusan, eines großen Meisters. Tokusan war für seine Strenge berühmt. Er ist besonders durch ein bestimmtes Kōan bekannt: Wann immer jemand zur Unterredung bei ihm erschien, brüllte er: »Sag ein Wort des Zen!«, und egal, was der Schüler auch sagte oder tat, Tokusan schlug ihn rund dreißigmal mit seinem Stock und warf ihn dann hinaus. Er war ein großer, furchterregender Mann.

Am Ende seines Lebens wurde Tokusan viel sanfter. Wir haben ein anderes Kōan, das dies belegt: Eines Tages sah Seppō, wie Tokusan mit den Schalen in der Hand über den Korridor zu früh zum Abendessen eilte. Seppō war *Tenzo,* also Chefkoch, und noch heute wird die Küche in Rinzai-Klöstern als *Seppō Ryo,* Seppōs Raum, bezeichnet. In einem Zen-Kloster werden die Mönche durch eine Glocke zum Essen gerufen, und wenn sich dann alle versammelt haben, wird dreimal die Trommel geschlagen, damit auch der Abt sich herbemüht. Als er Tokusan durch den Gang kommen sah, sagte Seppō: »Alter Meister, die Glocke ist noch nicht erklungen, und auch die Trommel hat noch nicht geschlagen. Wohin geht Ihr mit Euren Schalen?«

Seppō war damals einundvierzig Jahre alt, also noch ein grüner Junge, und Tokusan war um die achtzig. Da kommt der fürchterliche Tokusan des Weges – zu dem sich die Mönche nur unter Todesfurcht zur Unterredung hineintrauten, weil sie wußten, daß sie nur geprügelt wurden, egal, was sie auch sagten oder täten –, und Seppō hat die Stirn, ihm so etwas ins Gesicht zu sagen wie: »He, alter Mann, was habt *Ihr* denn hier zu suchen. Es ist noch nicht Essenszeit.« Als er das hörte, machte Tokusan wortlos auf dem Absatz kehrt und ging zurück in seine Räume. Könnt ihr euch ausmalen, wieviel Bescheidenheit und Vervollkommnung dieser alte Mann gehabt haben muß, daß er sich so von seinem *Tenzo* anreden ließ und dann demütig kehrtmachte und in sein Zimmer zurückging? Er führte ein Leben ohne jeglichen Dünkel und ohne daß noch ein Hauch von Zen-Gestank an ihm haftete.

Seppō war nach dieser Begegnung in Hochstimmung und konnte es kaum erwarten, seinem besten Kumpel, Gantō, darüber Bericht zu erstatten. Sobald das Essen beendet war, rannte er zu Gantō und sagte: »Gantō, Gantō, rat mal, was passiert ist? Ich hab's dem Alten schließlich doch noch gegeben. Er war zu früh unterwegs zum Speiseraum, deshalb habe ich ihn angebrüllt: ›He, alter Mann, wo zum Teufel geht Ihr hin?‹ Und dann ist er mit eingezogenem Schwanz in sein Zimmer zurückgeschlichen!« Gantō, der zu diesem Zeitpunkt fünfunddreißig Jahre alt war, erwiderte: »Donnerwetter, da hast du's ihm wirklich gegeben. Was für ein großer Meister er auch sein mag, das letzte Wort des Zen hat Tokusan noch nicht erfaßt.« Seppō wird sich gefragt haben: »Das letzte Worte des Zen? Was ist das – das letzte Wort des Zen?«

Später erfuhr Tokusan, was Gantō zu Seppō gesagt hatte und befahl seinem Bediensteten: »Rufe Gantō in mein Zimmer!« Als Gantō eintrat, erklärte Tokusan: »Ich habe gehört, daß du an diesem alten Meister etwas auszusetzen hast.« Gantō flüsterte Tokusan daraufhin etwas ins Ohr, und als Tokusan die Worte vernommen hatte, war er zufrieden und schwieg. Am nächsten Tag hielt Tokusan einen Dharma-Vortrag, der sich von all seinen bisherigen Darlegungen grundlegend unterschied. Gantō sprang lachend auf und klatschte vor der Meditationshalle in die Hände. Dabei rief er aus: »Welche Freude! Der alte Meister hat endlich das letzte Wort des Zen erfaßt. Von jetzt an kann ihm niemand in der Welt mehr etwas anhaben.«

Wenn ihr eurem Lehrer während der Unterredung euer Verständnis dieses Kōan darstellen wolltet, würde er mindestens drei Fragen stellen: »Was ist das letzte Wort des Zen?« – »Was hat Gantō Tokusan ins Ohr geflüstert, so daß dieser zufrieden war?« und: »Was war an Tokusans Unterweisung so anders, so daß Gantō lachend und klatschend aufsprang?« Ihr müßtet den Lehrer mit konkreten Antworten auf diese Fragen zufriedenstellen, damit ihr bestanden habt.

Könnt ihr verstehen, warum ich Gantō liebe? Obwohl er noch jung und unreif ist und mit dem alten Tokusan überhaupt nicht vergleichbar, ist es doch wunderbar, was er da in Szene setzt. Was für ein Mitgefühl, wie geschickt! Bereits mit fünfunddreißig Jahren hat Gantō genug Weisheit, um Seppō völlig aus dem Konzept zu bringen. Jahrelang bleibt Seppō nun nichts anderes übrig, als zu fragen: »Was ist das letzte Wort des Zen? Was könnte es nur sein?« Bei dieser Frage handelt es sich um ein sogenanntes natürliches Kōan, das Herz aller übrigen Kōan, die zentrale Frage überhaupt. Ihr könnt euch vielleicht vorstellen, wie Seppōs *Sitzen* in den folgenden Jahren war oder seine Arbeit in der Küche – niemals im Frieden.

Ein paar Jahre später verstarb Tokusan. Daraufhin machten sich Gantō und Seppō auf den Weg zu einem anderen großen Meister. Seppō hatte noch immer nicht die wahre Erleuchtung erfahren. Er hatte zwar einige Erhellungen erlebt, aber noch nicht völlige Klarheit gewonnen. Auf ihrer Reise machten sie eines Nachts in einer verlassenen Hütte Halt, breiteten ihre Decken aus und legten sich schlafen. Mitten in der Nacht wachte Gantō auf und sah, daß die Kerze noch an war, das Räucherwerk noch brannte und Seppō *Zazen* praktizierte. Er fragte: »He, Seppō, was machst du da?« Seppō schrie zurück: »Woran erinnert dich das, was ich tue?« Gantō erwiderte: »Warum praktizierst du *Zazen*? Willst du nachts nicht schlafen?« Seppō entgegnete daraufhin: »Um Erleuchtung zu erlangen, um Buddha zu erkennen!« Daraufhin erwiderte Gantō: »Begreifst du denn nicht, daß das, was aus deinem eigenen Herzen hervorströmt, der Buddha *ist*?«

Diese Geschichte trifft den entscheidenden Punkt: Was aus eurem eigenen Herzen hervorströmt, ist nichts anderes als der Buddha-Dharma, wonach sucht ihr also unentwegt? Wenn ihr euch von allen Meinungen, Begriffen, Vorstellungen und Ideen über das Selbst leer macht – wenn ihr eure Egos vollständig entleert habt – wenn ihr hier als Null, als Nichts sitzt, dann strömt aus eurem Herzen der wahre Dharma hervor. Und wenn einer meiner Schüler eine Rede hält und den wahren Dharma durch Worte oder anderweitig zum Ausdruck bringt, bin ich bewegter, als ich es selbst bei der Geburt meines eigenen Kindes war. Obwohl ich meine Frau selbst entbunden habe, war die Geburt für mich kein so bewegendes Erlebnis, wie wenn ich jemanden sehe, der vom Dharma überfließt. Man sagt: Das größte Wunder ist die Geburt eines Kindes, aber für mich kommt das erst an zweiter Stelle – die Geburt eines Buddha ist etwas noch viel Größeres! Schaut nur, wie viele Kinder geboren werden – aber wie viele Buddhas?

Wenn ihr losläßt und euch nicht mehr an eure Meinungen, Vorstellungen und Vorlieben klammert, dann erkennt ihr die eine WAHRHEIT, die eine absolute Wirklichkeit, das Eine, das sie nie verändern wird. Wenn ihr einfach nur *sitzt* und nichts tut, nur *sitzt* und kein Ziel verfolgt, weder euren Atem zählt noch ihn beobachtet, die Ereignisse nicht deutet, an keinem Kōan arbeitet, sondern schlicht dasitzt und absolut gar nichts tut, dann kann das manchmal ziemlich langweilig und schwierig sein. Man hat den Eindruck, daß das nirgendwo hinführt, daß man nichts erreicht. Tatsächlich hat man bisweilen das Gefühl, daß man seine Zeit verplempert. Denn nichts Aufregendes oder Neues geschieht.

In dieser Situation seid ihr lediglich mit der WAHRHEIT konfrontiert, und die ist immer alt. Die WAHRHEIT ist schon ziemlich lange da, viel länger als der Buddhismus. Sie ist schon immer dagewesen, und sie wird immer dasein. Es gibt nur eine WAHRHEIT, dagegen eine unbegrenzte Zahl von Lügen. Wenn wir daher nicht in der Wirklichkeit leben, sondern in Lügen, dann ist das aufregend wie ein mit Action vollgepackter Film im Kino oder Fernsehen. Aber die WAHRHEIT ist sehr alt und ziemlich langweilig. Ich wollte euch eigentlich sagen, was sie ist, aber ich hab' es vergessen – es ist mir entfallen.

Wer nicht den einzigen WEG lebt,
verfehlt beides: Tätigkeit und Untätigkeit,
Behauptung und Verleugnung.

Hier spricht der Dritte Patriarch von den Lügen, in denen wir leben, die Art, wie wir die gesellschaftliche Verschwörung mitmachen:

»Sag du mir nicht die Wahrheit, dann sag auch ich dir nicht die Wahrheit. Erzähl du mir nicht, daß ich ein Schwindler bin, dann sag' auch ich dir nicht, daß du ein Schwindler bist.« Aber was ist das, was wir alle verbergen? Oder noch persönlicher: Was ist das, was *ihr* verheimlicht? Was ist das, von dem ihr nicht möchtet, daß es jemand herausfindet? Genau das gleiche, auf dessen Verheimlichung alle so viel Mühe und Energie aufwenden, die Tatsache nämlich, *daß ihr nichts wißt!* Und was ist das, was ihr nicht wißt? Ihr wißt nicht, wer ihr seid, was ihr seid! Wenn ihr das einmal wirklich eingestanden habt, dann könnt ihr sogar ganz bequem leben, ohne zu wissen.

Maezumi Rōshi und ich waren einmal mit dem japanischen Super-Schnellzug unterwegs. Rōshi saß neben mir, und uns gegenüber saß ein Ehepaar. Der Mann war Vorstandsmitglied im Zen-Zentrum von Los Angeles und besuchte Japan zur gleichen Zeit, als auch Rōshi und ich dort waren. Seine Frau hatte mit Zen nichts zu tun. Als wir uns so unterhielten, sah sie zu Rōshi hinüber und sagte: »Wissen Sie, von allen Männern, die ich je kennengelernt habe, kommen Sie wahrscheinlich am besten mit dem Umstand zurecht, daß Sie nicht wissen, wer Sie sind.« Die meisten von uns sind ständig mit irgendwelchen Verheimlichungsstrategien beschäftigt und geben vor, sie seien jemand oder etwas, häufig sogar jemand Wichtiger oder Besonderer oder Intelligenter oder Guter – und bauen pausenlos irgendwelche Fassaden auf. Wenn wir *sitzen* und unsere Gedanken aufsteigen und verwehen lassen, bemerken wir plötzlich: »Augenblick mal, ich wußte ja noch gar nicht, daß es zwischen diesen Gedanken einen Raum gibt. Es hat mir bisher nie gedämmert, daß ich vielleicht mit diesen Gedanken gar nicht identisch bin, daß ich gar nicht bin, was ich zu sein glaubte.« An dem Punkt fangen wir dann an zu fragen: »Ja, was habe ich denn überhaupt geglaubt, wer ich sei?«

Wir haben unsere eigene Wirklichkeit konstruiert und wenden alle Mühe und Energie auf, unsere Konstruktion zusammenzuhalten. Wir nennen diese Wirklichkeit »Leben« oder »geistige Gesundheit«, und wir sind in eine gesellschaftliche Verschwörung verwickelt, in eine allgemein akzeptierte Lüge, nach der wir alle stillschweigend zu leben übereingekommen sind: »Dies ist der richtige Weg.« Wir glauben sogar, daß alle übrigen Menschen in derselben Welt leben wie wir und die Dinge im Grunde genommen genauso sehen wir wir selbst. Wenn jemand mit unserer Betrachtungsweise nicht übereinstimmt, sind wir sogar fähig, einen Krieg anzuzetteln und zu töten, weil der andere eine andere Ansicht vertritt als wir selbst. So kommt es – zur Verteidigung gemeinsamer Lügen – zu Kämpfen zwischen Nationen und sogar zwischen verschiedenen religiösen oder ethnischen Gruppen.

Warum halten wir an unseren Überzeugungen so krampfhaft fest? Warum machen wir daraus eine Frage auf Leben und Tod? Weshalb sind wir eher bereit, jämmerlich zu leiden als einzugestehen, daß wir vielleicht falschliegen? Jemand hat während eines Daisan eines Tages einmal zu mir gesagt: »Ich habe etwas Seltsames erkannt: Ich bin an den Rand jenes Abgrunds getreten, und ich war schon im Begriff, den nächsten Schritt zu tun, da fiel mir plötzlich ein: ›Augenblick mal, warum soll ich in das Unbekannte hineinspringen? Ich will nicht. Ich will meinen Job behalten!‹ Ich begriff dann, daß dieser Wunsch das einzige war, das mich davon abhielt zu springen: Ich bin noch nicht bereit aufzugeben, was ich habe, selbst wenn es falsch und geradezu die Hölle auf Erden ist – wenigstens ist es sicher und vertraut. Es ist wie ein unbequemer alter Sessel, aber ich bin daran gewöhnt. Was dagegen vor mir liegt, kenne ich nicht!«

Wenn ich alles Vertraute aufgebe, wenn ich loslasse, wenn ich damit aufhöre, alles verstehen und erklären zu wollen, dann weiß ich natürlich nicht, was geschehen wird. Niemand kann das im voraus wissen; wir können ja nicht einmal wissen, was in der nächsten Minute oder sogar Sekunde passieren wird. Um zur WAHRHEIT zu gelangen, müssen wir durch unsere Angst hindurchgehen. Diese Furcht bewacht das Tor zur Wirklichkeit – die Furcht, von einem Dreißig-Meter-Sprungbrett aus ins Nichts zu treten, die Furcht, unsere Vorstellung davon loszulassen, was wir sind oder was wir wertschätzen oder was unsere Identität ausmacht.

Wir müssen alles aufgeben, womit wir uns identifizieren. Und dann? »Dann werde ich niemand mehr sein – nichts.« Ganz recht! Wir werden wirklich sein, das sein, was jeder ist: ein Nichts, ein leeres Gefäß. Klammern wir uns weiterhin an unsere Identifikationen, werden wir nichts bekommen; lassen wir los, werden wir erfüllt werden. Aber wie verhalten wir uns gewöhnlich? Wir klammern uns um des bloßen Lebens willen an unsere begrenzte, spießige Existenz. Wir haben das Gefühl, daß wir – falls wir wirklich loslassen – alles verlieren werden. Und was wäre, wenn wir tatsächlich alles verlören? Ist es so wundervoll, beschränkt und eingekerkert zu sein? Ist es in der Gefängniszelle unseres Lebens tatsächlich so komfortabel? Haben wir uns wirklich so angenehm eingerichtet?

Irgendwer hat einmal zu mir gesagt: »Ich wünschte, ich hätte früher mit der Zen-Praxis angefangen, bevor ich so viele Verantwortungen übernommen habe, bevor ich eine Frau und einen Job hatte und eine Hypothek aufgenommen habe.« Natürlich geht dieser Standpunkt voll an der Sache vorbei. Es gibt absolut gar nichts, was uns einzuschränken vermag, das scheint nur so. Die Beschränkung sitzt in unserem Geist. Es gibt keine Einschränkungen, keine Barrieren, keine Mauern. Wenn wir erkennen, was am allerwichtigsten ist, nämlich diese große Frage, die bedeutungsschwere Frage von Leben und Tod, dann begreifen wir auch, daß uns nichts davon abhalten kann, den WEG zu vollenden. Dazu ist keine Entfernung zu groß, kein Ozean zu unermeßlich, keine Hypothek zu hoch, kein Ehepartner zu fordernd. All diese »Probleme« sind lediglich Entschuldigungen, die den Umstand verhehlen sollen, daß wir in Wahrheit einfach nicht bereit sind, es zu tun. Natürlich macht es angst, wenn man alles aufgibt, alles fahrenläßt. Wohin? Weshalb? »Werde ich etwas zurückbekommen? Werde ich wenigstens etwas begreifen? Werde ich etwas Kostbares gewinnen? Erleuchtung? Natürlich, phantastisch! Ich werde erleuchtet sein – ein Buddha!« Wenn ihr wahrhaft alles verliert, so gewinnt ihr alles, und das ist absolut nichts.

> Die Wirklichkeit der Dinge leugnen
> heißt ihre Wirklichkeit verfehlen;
> die Leerheit der Dinge behaupten
> heißt ihre Wirklichkeit verfehlen.

Es ist ganz einfach. Egal, ob wir uns zustimmend oder ablehnend verhalten, in beiden Fällen verfehlen wir die Wirklichkeit. Deshalb hat Tokusan jeden Mönch geschlagen, der ihm von Angesicht zu Angesicht gegenüberstand, egal, was der andere auch sagte. Wenn wir ein Wort sagen, bejahen wir, wenn wir nichts sagen, negieren wir. Wenn wir uns sowohl affirmativ als auch negativ verhalten, verfehlen wir die Wirklichkeit ebenfalls. Verhalten wir uns jedoch weder zustimmend noch ablehnend, dann verfehlen wir sie noch immer. Aus diesem Dilemma gibt es keinen Ausweg. Dieses Kōan, nämlich Tokusans dreißig Schläge, wird auch als das Todes-Schwert des Tokusan bezeichnet. Bei diesem Kōan gibt es nichts zu gewinnen! Wenn ihr glaubt, ihr könntet gewinnen, werdet ihr verlieren; aber wenn ihr wahrhaftig verliert, gewinnt ihr.
Wenn ihr ans Ende eures Lateins gelangt seid, wenn es keine Alternative mehr gibt, keinen Platz zum Verstecken, und ihr könnt keine Antwort finden, nicht einmal mehr einen bequemen Ruheplatz, wenn ihr völlig verzweifelt, desillusioniert und verwirrt seid, dann begreift ihr plötzlich, daß ihr ganz nahe dran seid, ganz, ganz nahe! Ihr denkt: »Auf dem tiefsten Grund könnte es nicht schlimmer sein. Ich begreife rein gar nichts mehr. Ich *sitze* jetzt seit fünfzehn Jahren, und ich weiß weniger denn je. Ich weiß nicht, was passiert ist; ich weiß nicht, wohin ich gehe; ich weiß nicht, was das alles

zu bedeuten hat; ich weiß nicht einmal mehr, wer ich bin oder warum ich hier bin oder warum ich das alles überhaupt mache.«

Bravo! Jetzt bedarf es nur noch eines winzigen Schrittes, und ihr seid von dem Dreißig-Meter-Sprungbrett abgesprungen. Springt! Schreckt nicht zurück, rennt nicht davon. Wenn ihr alles aufgebt, werdet ihr alles gewinnen. Ihr werdet am Ende absolut gar nichts verlieren, nur ein paar sorgsam kultivierte Meinungen und Vorstellungen.

Warum haben wir Angst davor, warum weigern wir uns, uns nahestehende Menschen das durchmachen zu lassen, was sie durchzumachen haben, und sich dem zu stellen, womit sie sich konfrontieren müssen? Wir sagen, daß wir sie lieben, aber ist das wirklich Liebe, wenn wir versuchen, sie abzuhalten, sich selbst zu erfahren? Immerhin ist die Gefahr nicht so groß, daß wir unseren Partner verlieren, vorausgesetzt, unsere Ehe ist intakt, und schließlich bekommen wir einen erweckten Menschen zurück, einen Buddha. Natürlich dürfen wir Angst haben, daß unsere Beziehung sich unterwegs auflösen könnte, aber viel mehr befürchten wir vielleicht sogar den Schmerz, den es uns bereitet, den anderen derartige Qualen leiden zu sehen – und wie wir uns erst davor fürchten, den Schmerz der Veränderung selbst zu durchleiden! Wahres Mitgefühl bedeutet, genügend Vertrauen zu haben, um in jeder Situation völlig offen zu bleiben, und die Zuversicht, frei zu reagieren, ohne Angst, sich selbst oder andere zu verletzen.

Immer wieder bin ich zu Maezumi Rōshi gegangen und habe gesagt: »Der-und-Der leidet solche Schmerzen, was können wir nur tun?« Seine Antwort lautete stets: »Laß ihn leiden, laß ihn durch seinen Schmerz hindurchgehen!« Und ich dachte: »Wie grausam!« Aber was ist ein Bodhisattva anderes als jemand, der die anderen das durchmachen läßt, was sie einfach durchmachen müssen? Jeder andere versucht, solche Schmerzen abzustellen, den Betreffenden wieder zusammenzuflicken, schlägt ihm auf die Schulter und erklärt: »Ist schon okay, alles wird wieder gut.« Alle sind miteinander verschworen, die Dinge zu vertuschen.

Wenn ihr einen Menschen seiner Schmerzen und seines Leidens beraubt, nehmt ihr ihm sein Leben, seine Freiheit, seine Unabhängigkeit; ihr macht ihn von euch abhängig. Das ist auch eine Falle für Therapeuten, Heiler und Zen-Lehrer. Denn was sollen solche Leute ohne Patienten oder Schüler anfangen? Aber das Ziel unserer *Praxis* ist es, daß wir selbst so schnell wie möglich auf unseren eigenen zwei Beinen stehen können, damit wir dann anderen dabei helfen können, diesen Zustand ebenfalls zu erreichen. Ironischerweise berauben wir ausgerechnet jene, die wir am meisten lieben, am häufigsten ihrer Unabhängigkeit, weil wir dazu neigen, sie abzuschirmen und übertrieben zu beschützen.

> Je mehr du darüber sprichst und nachsinnst,
> um so weiter entfernst du dich von der Wahrheit.

Der Versuch, die Wahrheit denkend zu begreifen, gleicht dem Bemühen, den ganzen Ozean in eine einzige Tasse zu füllen. Das Denken ist so begrenzt, während der *eine Geist* so unermeßlich ist wie unendlicher Raum. Worte und Gedanken können ihn nicht einmal berühren. Wir können nichts weiter tun, als ruhig zu *sitzen,* unsere Außenorientierung abzustellen, nach innen zu blicken und unsere geliebten Meinungen über die Wirklichkeit, über uns selbst und unsere eigene Wichtigkeit abzustreifen. Wenn wir *sitzen,* sehen wir unser riesiges Ego überall am Werk, und wir beginnen zu begreifen, wie gierig und ichbezogen wir eigentlich sind.

> Hör auf, zu reden und zu denken,
> dann gibt es nichts, was du nicht wissen kannst.

Wohnt im Nicht-Wissen, verweilt in diesem offenen Raum. Wenn ihr nichts wißt, wißt ihr *alles.* Macht ihr euch Sorgen über die Zukunft? Was ihr tun sollt? Weiß nicht! Die Zukunft sorgt für sich selbst. Seid nur vollkommen gegenwärtig und achtsam in diesem Augenblick und *wißt nicht.* Dann werdet ihr auf jede denkbare Situation angemessen reagieren. Dafür braucht ihr keine Regeln oder Vorschriften. Ihr braucht nur Vertrauen in euch selbst. Wenn ihr euch an Regeln klammert, fesselt und beschränkt ihr euch nur selbst und zerstört eure Freiheit. Wenn ihr frei sein wollt, streift alles ab, was euch fesselt, jedes »Ich sollte« oder »sollte nicht«, jedes »Ich muß« oder »darf nicht«: »Ich kann das nicht tun, ich darf das nicht tun, ich sollte das nicht tun, ich trau mich nicht, das zu tun.«

> Zur Wurzel zurückkehren heißt den Sinn entdecken,
> doch den Erscheinungen nachzujagen
> heißt den Ursprung verfehlen.

Wenn wir den Geist nach innen richten, nennt man das »die Rückkehr zur Wurzel«. Findet eure Quelle, die wahre Wurzel eurer Existenz. Schaut in euch hinein, denkt nicht darüber nach, versucht nicht, euch einen Begriff davon zu machen. Richtet einzig euer eigenes Licht nach innen und dringt bis ins Zentrum vor, bis auf den Grund, bis zur wahren Essenz eures Seins. Macht euch mit diesem Ursprung zutiefst vertraut, werdet eins damit, dann werdet ihr im Nicht-Wissen weilen. In jenem Zustand gibt es kein Wissen; alles bereits Gewußte erweist sich als »zwei«, ist schon eine Dualität. Mit dieser EINEN WAHRHEIT gibt es keinen Unterschied zwischen dem Wissenden und dem Gewußten, Subjekt und Objekt. Es gibt nur mehr das EINE, eurer Wahres Wesen.

> Der Augenblick der inneren Erleuchtung
> liegt jenseits von Erscheinung und Leerheit.
> Die scheinbaren Wandlungen in der Welt der Leerheit
> erscheinen uns nur aus Verblendung wirklich.

All die Veränderungen – das Kommen und Gehen –, die wir für so wirklich halten, all unser Kummer, unsere Irritationen und Gefühle, nennen wir nur aus Verblendung wirklich, weil wir die wahre Wirklichkeit nicht sehen. Wir sind dem Schein verfallen.

Suche nicht nach der Wahrheit;
höre nur auf, Meinungen zu hegen.

Wie kann er nur sagen, wir sollen nicht nach der Wahrheit suchen? Weil – wenn du nach *irgend etwas* suchst, und sei es auch die Wahrheit, du bereits in die Irre gehst. In dem Augenblick, da ihr zu suchen beginnt, habt ihr schon euere Heimstatt, habt ihr schon den Sitz des Buddha verlassen. Wenn ihr auf eurem Meditationskissen sitzt, sitzt ihr auf dem Sitz des Buddha, dem Sitz des Erwachten. Ihr selbst *seid* die Wahrheit. Christus hat gesagt: »Ich bin der Weg«, aber man hat ihn mißverstanden. Ihr *seid* der Weg. Ihr *seid* die Wahrheit, der Dharma, der Buddha. Sucht danach nicht außerhalb eurer selbst.

Im Zen-Zentrum von Los Angeles wird am Neujahrstag traditionsgemäß das Grab Senzaki Senseis besucht, des ersten japanischen Zen-Lehrers, der sich in Amerika niedergelassen hat. Er kam gemeinsam mit Soyen Shaku Rōshi und D.T. Suzuki etwa 1891 in die Vereinigten Staaten und war Aitken Rōshis erster Lehrer. In seinen Grabstein ist ein alter Ausspruch des Buddha eingraviert, der diese Wahrheit sehr schön zum Ausdruck bringt: »Setze nicht einen anderen Kopf über deinen eigenen.«

Während jedes einzelnen Augenblicks, während eines jeden einzelnen Tages offenbart ihr die wahre Wirklichkeit, nur erkennt ihr es nicht. Wir üben diese *Praxis,* um es zu erkennen, wir *praktizieren* aber auch, weil das unser WEG ist. Das ist die Wirklichkeit, und das ist die Verwirklichung. Wenn ihr in der *Zazen*-Haltung dasitzt, verwirklicht sich eure wahre Natur. Wenn ihr nur dasitzt und euch nicht an eure Meinungen klammert und nicht festzuhalten versucht, was in eurem Geist auftaucht und dann wieder verschwindet, seid ihr im Zustand der vollkommenen Verwirklichung.

Viele Jahre lang überquerte der Mullah Nasrudin häufig einzig mit einem Esel und einem Heuballen auf dessen Rücken die Grenze zwischen dem Osmanischen Reich und Ungarn. Die Grenzwächter waren sicher, daß er etwas schmuggelte, sie wußten jedoch nicht, was. Von Mal zu Mal untersuchten sie ihn gründlicher. Sie durchkämmten das Heu, schauten sogar dem Esel ins Maul, aber sie fanden nie etwas.

Eines Tages trat ein alter, inzwischen in den Ruhestand getretener Grenzer in eine Kneipe und sah den Mullah, der dort trank und es sich gutgehen ließ. Der Mann beschloß, endlich das Geheimnis um den Mullah aufzuklären. Er trat also an Nasrudin heran und sagte: »Fünfzehn Jahre lang hast du uns verwirrt. Wir wissen, daß du geschmuggelt hast. Jetzt hör einmal zu: Ich bin nicht mehr beim Grenzschutz tätig, und ich gebe dir mein Ehrenwort, daß ich dich nicht verpfeife, aber um des Friedens meines Geistes willen mußt du mir sagen: Was um alles in der Welt hast du geschmuggelt?« – »Esel«, erwiderte der Mullah.

Die WAHRHEIT ist das Offensichtlichste von allem, aber wir suchen stets nach der Nadel im Heuhaufen. Wenn ihr die WAHRHEIT seht, verändert sich nichts. Ein Baum ist auch weiterhin ein Baum, ein Berg ein Berg. Wie Maezumi Rōshi einmal gesagt hat: »Ich kann einfach nicht glauben, wie viele Leiden und Enttäuschungen die Leute durchmachen müssen, nur um zu erkennen, daß ein Tisch ein Tisch und ein Stuhl ein Stuhl ist.«

4. Ungestört auf dem WEG

Verharre nicht in dualistischen Anschauungen;
vermeide sorgsam, ihnen zu folgen.
Gibt es auch nur eine Spur
von Dies und Das, von richtig und falsch,
geht der Geist in Verwirrung verloren.
Obwohl alle Zweiheit aus dem *Einen* kommt,
darfst du auch nicht dem *Einen* anhängen.
Wenn der Geist auf dem WEG ungestört weilt,
kann nichts auf der Welt mehr verletzen,
und wenn etwas nicht mehr zu verletzen vermag,
hört es auf, auf die alte Weise zu sein.

Verharre nicht in dualistischen Anschauungen;
vermeide sorgsam, ihnen zu folgen.

Worum es hier geht, ist die Notwendigkeit, daß wir aufhören, die Dinge in dualistischer Weise zu sehen, daß wir uns selbst von dualistischen Vorstellungen befreien und letzten Endes vom dualistischen Bewußtsein selbst. Dieser Prozeß beginnt mit dem *Sitzen*. Wenn wir unser *Sitzen* ständig beurteilen – nach dem Motto: »Oh, diesmal ist das Sitzen schrecklich«, oder: »Ich *sitze* heute nicht so gut wie während der letzten Periode« oder: »Ich sollte diese Art von Gedanken, Phantasien oder Gefühlen gar nicht haben« oder: »Ich darf eigentlich überhaupt nicht denken«, dann sind wir bereits in der Falle des dualistischen Zustands gefangen. Unser *Zazen* dient dazu, das Nicht-Denken zu üben, und wenn wir dasitzen und uns selbst beschimpfen, so ist das sicher nicht ein praktiziertes Nicht-Denken. Wenn wir die natürlichen Funktionen unseres Geistes einfach zulassen, dann tauchen Gedanken auf wie Blasen, die zur Wasseroberfläche hinaufsteigen. Das ist die natürliche Funktion des Geistes, genau wie es die natürliche Funktion des Ozeans ist, Wellen zu erzeugen.

Wenn wir diese Gedanken in Frieden lassen und ihnen nicht dadurch eine spezielle Bedeutung beimessen, daß wir sie lieben oder hassen, uns an sie klammern oder sie abweisen, oder wenn wir zulassen, daß wir selbst nichts als leerer Raum sind, unendlich weiter Raum, in dem beliebige Gedanken aufsteigen und verwehen können, dann werden sie sich von ganz allein auflösen. Genau wie Wellen, die kommen und gehen, sich aufbäumen und wieder in sich zusammenfallen, genau wie Blasen, die zur Oberfläche aufsteigen und dann platzen, genauso werden die Gedanken dann in Erscheinung treten und wieder verschwinden.

In seinem natürlichen Zustand ist unser Geist wie ein Spiegel, der einfach das reflektiert, was vor ihn tritt. Was in unserem Geist auftaucht, ist nicht von ihm getrennt. Geist und Objekte sind nicht zwei. Alle Dinge sind nichts als Geist. Aber dieser Geist ist nicht der kleine eogistische, in seiner Perspektive und Kapazität höchst begrenzte Geist, mit dem wir uns normalerweise identifizieren.

Aber wie sind wir in die Falle dieses kleinen Geistes hineingeraten? Wissentlich oder unwissentlich haben wir im Lauf vieler Jahre eine starre Position aufgebaut, die wir aus Überzeugungen und Gewohnheiten zusammengebastelt haben. Seit frühester Kindheit hat man uns gelehrt, wie wir uns in jeder einzelnen Situation zu verhalten und welche Standpunkte wir einzunehmen haben. Wenn wir einen Laden betreten, eine Kunstgalerie, einen Film oder ein Theater besuchen, erwartet man von uns, daß wir zu allem und jedem eine Meinung haben. Und jedesmal, wenn wir mit anderen Menschen zusammentreffen, erwartet man von uns, daß wir uns ein Urteil über sie bilden. Unser Leben besteht fast ausschließlich aus unbewußten Einstellungen und Gewohnheiten, die alles reglementieren, was wir tun, vom Zähneputzen angefangen bis hin zum Umgang mit anderen.

Wenn wir unter rituellen Bedingungen *sitzen,* fällt es uns leichter, die unbewußten Gewohnheitsmuster unseres Denkens und Handelns zu erkennen. Wenn wir uns einer gewissen Struktur mit bestimmten Regeln und Vorschriften unterwerfen, dann hilft uns dies dabei, uns zu beruhigen und uns mit uns selbst zu konfrontieren. Unter solchen Umständen ist es dann nicht mehr ganz so einfach, vor den zahllosen Mechanismen unseres Denkens, Fühlens und Handelns die Augen zu verschließen.

Bei einem Sesshin, an dem ich teilgenommen habe, wurden wir aufgefordert, während unseres Aufenthalts fünf Vorschriften zu beachten. Eine davon lautete, daß wir nichts nehmen durften, was uns nicht gehörte oder uns nicht angeboten wurde. Ich hatte zufällig meine Zahnpasta vergessen, deshalb putzte ich mir die Zähne zwei oder drei Tage lang nur mit der Bürste. Dann entdeckte ich die Zahnpastatube eines Mitbewohners auf einer Ablage. Ich dachte: »Wenn ich ein wenig von seiner Zahncreme nehme, wird ihn das schon nicht stören. Ich bin sicher, wenn er hier wäre, würde er mir ohnehin davon geben.« Ich hatte die Paste kaum auf meine Bürste gedrückt, als ich begriff, daß ich gegen das Gelöbnis verstieß, das ich abgegeben hatte.

Für gewöhnlich sagen wir uns in derartigen Lebenssituationen: »Na und? Niemand sieht mich, und niemand kümmert sich darum. Was macht es schon aus?« Aber sind unsere gewaltigen gesellschaftlichen Probleme nicht die Summe zahlloser »Na und«? – »Wenn ich betrüge und stehle – na und?« – »Wenn ich vergewaltige und töte – na und?« Wo ziehen wir die Grenzlinie zwischen einem harmlosen »na und«, weil die Sache zu geringfügig ist, und einem »na und«, bei dem wir uns Sorgen machen sollten?

Unsere *Praxis* dient dazu, daß wir bewußt und achtsam werden und erwachen. Es genügt jedoch nicht, allein beim *Sitzen* bewußt zu sein, unser ganzes Leben, unser ganzer Tag – vierundzwanzig Stunden lang – muß durch Achtsamkeit gekennzeichnet sein. Wenn sich der erwachte Geist nicht unserem ganzen Leben überträgt, wen veralbern wir dann wohl? Wozu *sitzen* wir dann? Nur, damit wir in bester masochistischer Manier alle möglichen Varianten von Beinschmerzen durchleiden? Wir sind hier, um zu erwachen, um allumfassendes Gewahrsein zu erlangen, *Anuttara-Samyaksambodhi,* das höchste Erwachen, die höchste Weisheit.

Häufig beginnt unser Gewahrsein, indem wir bemerken, was wir gerade getan haben. Das ist immerhin ein Anfang – wenigstens bemerken wir es nachher. Wenn wir uns gerade mitten in einem Streit mit unserem Freund oder unserer Freundin, unserem Mann oder unserer Frau befinden, erkennen wir nicht, was eigentlich geschieht, wie wir in unserem eigenen Standpunkt gefangen sind. Noch am selben Abend setzen wir uns vielleicht nieder und praktizieren *Zazen,* und dabei tritt der Vorfall wieder in unser Bewußtsein. Dann fragen wir uns: Weshalb habe ich mich eigentlich gestritten? Warum wollte ich unbedingt recht haben? Warum habe ich uns beiden solche Schwierigkeiten bereitet? Wenn wir nicht wach genug sind, um bereits in dem Augenblick, in dem etwas geschieht, zu bemerken, was los ist, und einen Schritt zurücktreten, dann bemerken wir es jedenfalls, wenn wir auf unserem Kissen sitzen. Natürlich: Wenn wir uns niemals zum *Zazen* niedersetzen, werden wir es vielleicht niemals bemerken.

Wenn wir dann allmählich immer achtsamer und wacher werden, bemerken wir bereits in dem Augenblick, da ein solcher Streit vorbei ist, was geschehen ist. Es dauert dann nicht mehr lange, bis wir uns auf das Kissen setzen, um zu erkennen: »Ich habe mich egozentrisch verhalten. Ich war rechthaberisch. Es ist wohl am besten, wenn ich mich entschuldige.« Es kann aber auch sein, daß wir jemandem gerade die Wahrheit gesagt haben, allerdings auf eine sehr unangemessene Art und Weise. Wir bemerken, daß wir uns wesentlich taktvoller hätten ausdrücken können, das heißt, ohne den Betreffenden in die Defensive zu drängen.

Mein Lehrer hat immer darauf hingewiesen: Entscheidend ist allein die Art, wie wir etwas sagen – ob mit mitfühlendem

Herzen oder in unsensiblem, egozentrischem Geist. Wir werden in diesem Punkt vierundzwanzig Stunden am Tag geprüft, und dann fragen wir uns, warum unsere Beziehungen nicht funktionieren. Ganz gleich, wie viele Kommunikationsseminare wir auch besucht haben, falls wir es im Umgang mit anderen an Achtsamkeit und Sensibilität fehlen lassen, dann sind all unsere »technischen« Kenntnisse umsonst. Ausschlaggebend ist daher einzig, wie sensibel und bewußt wir uns in unserem Alltagsleben verhalten. Das bedeutet es, ein Buddha zu sein: Vierundzwanzig Stunden am Tag wach zu sein, selbst noch im Schlaf.

Ein erwachter Mensch ist nicht lediglich jemand, der nur bestimmte Erfahrungen gemacht hat und ansonsten weiterhin ein unbewußtes, unsensibles, unachtsames Leben führt. Wenn ihr jemanden auf der Straße seht, der Schwierigkeiten hat, und wenn ihr euch dann die Zeit nehmt, hinüberzugehen und euch nach dem Problem zu erkundigen – das heißt, achtsam sein, das heißt, situationsgerecht zu reagieren. Wenn ihr aber, nur mit euren eigenen Gedanken und Problemen beschäftigt, völlig von euren eigenen Gefühlen eingenommen seid, kann es passieren, daß ihr nicht einmal bemerkt, daß ein anderer der Hilfe bedarf.

Unsere *Praxis* ist nicht dazu da, damit wir von uns selbst absorbiert werden. Unsere *Praxis* ist nicht dazu da, daß wir uns auf das Kissen setzen, um uns dann irgendwo in unseren eigenen Gedanken und Gefühlen zu verlieren. Natürlich müssen wir Gedanken und Gefühle wahrnehmen. Natürlich sollten wir sie nicht aus unserem Bewußtsein verdrängen, aber wir brauchen uns von ihnen nicht gefangennehmen zu lassen. Unsere *Praxis* dient dazu, einen Raum zu schaffen, in dem diese Gedanken und Gefühle aufsteigen und von selbst verwehen, sich auflösen und wieder verschwinden können. Wenn sie aufsteigen, ist nur Achtsamkeit da, nur urteilsfreies Gewahrsein – ohne Kommentare wie: »Das ist ja ein schrecklicher Gedanke« oder: »Dieser hier ist groß, den muß ich mir unbedingt merken.«

> Gibt es auch nur eine Spur
> von Dies und Das, von richtig und falsch,
> geht der Geist in Verwirrung verloren.

Wenn auch nur ein Gedanke zurückbleibt, daß er oder sie nicht ich ist, wenn auch nur der Hauch der Vorstellung zurückbleibt, daß der Baum und ich getrennt sind, dann entsteht das dualistische Denken, und Verwirrung ist die Folge. Erlaubt beim *Shikantaza* eurem Geist und eurem Herzen, alles miteinzubeziehen. Schließt nichts und niemanden aus. Schließt alles ein, was auftaucht. Konzentriert euch beim Sitzen nicht nur auf eine Sache, indem ihr versucht, andere Dinge auszuschließen, seid lediglich achtsam und wach. Ihr könnt euch darauf konzentrieren, einfach alles geschehen zu lassen. Konzentriert euch darauf, euren Geist und eure Haltung offenzuhalten. Ihr könnt euch aber auch darauf konzentrieren, euren Geist in der Fläche eurer linken Hand ruhen zu lassen, ohne dabei künstliche Barrieren aufzubauen oder irgend etwas auszuschließen. Seid lediglich wachsam und aufmerksam, ohne an irgendeinem bestimmten Ort zu verharren, gestattet den Dingen, sich von allein zu beruhigen. Je besser ihr euren Körper in Ruhe halten könnt, um so leichter vermag euer Geist sich zu beruhigen.

> Obwohl alle Zweiheit aus dem *Einen* kommt,
> darfst du auch nicht dem *Einen* anhängen.

Alles erhebt sich aus dem Einen. Bäume, Berge, der blaue Himmel, Wolken, alle Gedanken und Gefühle, klammert euch an nichts von alledem, fixiert euch auch nicht auf die Erfahrung der Einheit. Bleibt einfach unverhaftet gegenüber allem, was aufsteigt, und verzichtet auf alle Vorlieben.

> Wenn der Geist auf dem WEG ungestört weilt,
> kann nichts auf der Welt mehr verletzen,
> und wenn etwas nicht mehr zu verletzen vermag,
> hört es auf, auf die alte Weise zu sein.

Denkt nur daran, wie rasch wir uns verwirrt oder gekränkt fühlen, wenn jemand unsere Haltung korrigiert oder uns sagt, daß wir etwas falsch machen. Während Meditations-Sesshins haben wir Gelegenheit, unseren Geist zu beobachten, unser Verhalten und unsere Art, in der wir mit der Welt in Beziehung treten. Wir haben die Möglichkeit zu sehen, wie schnell wir Widerstand aufbauen oder verärgert sind. Wie wir mit dieser Verärgerung oder diesem Widerstand umgehen, darauf kommt es an – ob wir die Gefühle nur zur Kenntnis nehmen und dann sofort wieder von uns abstreifen oder ob wir uns tagelang oder sogar noch länger von ihnen gefangennehmen lassen. Wenn wir uns daran festklammern, gibt es mindestens eine Person, die zu leiden hat, womöglich aber auch mehrere. Eines Tages unterhielt ich mich mit meiner Mutter in einem Restaurant über religiöse Menschen. Meine Großmutter haßte sie alle – Priester, Rabbis, sämtliche religiösen Würdenträger. Der Vater meiner Großmutter war Rabbi gewesen und hatte es sehr gemocht, zu meditieren, zu beten, die Thora zu studieren und zu lehren. Aber da er kaum Zeit mit seiner Familie verbrachte, fühlte sie sich vernachlässigt. Infolgedessen hat sie ihr ganzes Leben lang religiöse Menschen verachtet, obwohl sie den Grund dafür nicht kennt. (Gott sei Dank bin ich in ihren Augen offenbar kein religiöser Mensch.) Ich sagte zu meiner Mutter: »Und wie wär's, wenn du deinem Großvater einfach verzeihen würdest? Du hast jetzt den Haß deiner Mutter schon so lange mit dir herumgeschleppt!« – »Das kann ich nicht, das ist ganz ausgeschlossen«, erwiderte sie. »Aber wer leidet unter der Situation?« fragte ich. »Leidet er darunter? Geht es ihm deswegen schlechter? Zahlst du es ihm heim? Er ist schon seit siebzig oder achtzig Jahren tot!« Wir denken häufig nicht klar. Wir halten an unserem Haß und unseren Ressentiments fest und merken gar nicht, daß wir in Wahrheit uns selbst wehtun. Wenn wir dagegen einfach loslassen und dem andern vergeben können, helfen wir tatsächlich uns selbst. Und was ist unsere *Praxis* schon wert, wenn sie nicht dahin führt, daß wir loslassen, daß wir uns unterwerfen? Was ist wahres *Zazen* denn anderes, als ständiges Offensein, als ein Prozeß ständigen Loslassens, der dauernden Hingabe? Hingabe an was? Es ist ganz gleich, wie wir es nennen: Gott oder Tao oder Dharma oder Buddha oder Wahres-Wesen. Das sind ohnehin nur Vorstellungen. Worauf es ankommt, ist der Akt des Loslassens, der Unterwerfung. Denn ebendieser Akt des Loslassens öffnet uns vollständig.

Aber wie gelingt es einem, sich hinzugeben, was ist dazu nötig? Glauben, Vertrauen. Wir müssen darauf vertrauen, daß wir nicht verrückt werden oder sterben, wenn wir loslassen. Wir lassen lediglich Körper und Geist fallen, aber kurz bevor es geschieht, hat man den Eindruck, verrückt zu werden. Und es ist wahr: Wir lassen unseren Geist hinter uns zurück. Darum dreht sich alles: daß wir jenseits unseres Geistes gelangen, daß wir aufhören, im Geist zu verweilen. Das Problem der westlichen Gesellschaft ist, daß wir im Kopf leben – deshalb richten wir auch solch ein Chaos an! Hunde und Katzen und Bäume leben nicht in ihren Köpfen. Bäume und Tiere richten auch kein solches Chaos an.

Wer bringt das Gleichgewicht der Natur durcheinander? Wer zerstört die Ozonschicht? Wer vernichtet die Wälder dieser Erde? Wer kann den ganzen Planeten zerstören? Niemand als wir verfügt über die nötige Technologie, und die wiederum ist das Produkt unserer enormen intellektuellen Fähigkeiten. Gegen ungewöhnliche intellektuelle Fähigkeiten ist an sich nichts einzuwenden, aber in unserem Fall ist es so, als würde man einem kleinen Kind ein scharfes Messer in die Hand drücken. Wir haben noch nicht die Reife erreicht, unsere geistigen Fähigkeiten angemessen zu benutzen.

Unser Erziehungssystem ist völlig unausgewogen. Ich habe acht Jahre lang als Lehrer gearbeitet und es also aus erster Hand kennengelernt. Wir lehren nur für den Kopf, für den Körper bleiben vielleicht noch zwanzig Minuten am Tag, die ganze Persönlichkeit kommt im Lehrplan schon gar nicht vor. Als ich in einer öffentlichen Schule einmal eine kleine Meditationsübung anbieten wollte, mußte ich sie »Konzentrationsübung« nennen, erst dann erhielt ich die Erlaubnis. Hätte ich von »Meditation« gesprochen, so hätte man diesen Begriff mit »Religion« assoziieren können, und natürlich darf in den staatlichen Schulen in Amerika nicht Religion gelehrt werden. *Zazen* steht jenseits aller Religion, aber nur die wenigsten Leute begreifen das.

Als wir in Japan waren und mit dem *Zenji* zusammentrafen, dessen Stellung in der Sōtō-Zen-Hierarchie in etwa der des Papstes in der katholischen Kirche entspricht, fragte er auf japanisch: »Kann irgendeiner der Nicht-Japaner hier unsere Sprache verstehen?« Die anwesenden Japaner versicherten ihm, daß dies nicht der Fall sei. Dann stellte er auf japanisch fest: »Die Menschen im Westen werden niemals den wahren *Shōbō* (den wahren Dharma) erfassen, sie sind zu objektiv.« Damit meinte er, daß die Menschen im Westen sich selbst als Subjekt und alles andere als Objekt verstehen.*

Er hatte recht. Die westliche Zivilisation ist für die Zerstörung unserer Umwelt verantwortlich und könnte leicht den Planeten zerstören – und das alles infolge unserer dualistischen Wahrnehmungsweise. Der östliche Geist dagegen befindet sich weit mehr im Einklang mit der Natur. Er betrachtet die Natur als ein Ganzes, nicht als etwas, was vom Geist, der ständig versucht, die Natur zu erobern und zu beherrschen, getrennt ist. Die amerikanischen Ureinwohner sind in dieser Hinsicht ebenfalls wesentlich mehr im Einklang mit

---

* Hierbei handelt es sich um ein Mißverständnis, das aber erst nach Erscheinen des Buches in Amerika geklärt wurde. Die Worte des Zenji waren dem Autor nicht exakt übersetzt worden. Tatsächlich hatte der Zenji nicht gesagt, daß westlichen Menschen der Shōbō, der wahre Dharma, grundsätzlich verschlossen sei. Aber weil westlichen Menschen die intime Kenntnis der japanischen Sprache fehlt, sind sie nicht in der Lage, den wahren Dharma des von Dōgen Zenji (1200–1253) geschriebenen »Shōbō-genzō« zu erfassen. Das »Shōbō-genzō« (zu deutsch: »Die Schatzkammer der Erkenntnis des Wahren Dharma«) gilt als eine der tiefgründigsten Schriften der gesamten Zen-Literatur (Anm. S.L.).

der Natur, dem WEG. Die westliche Gesellschaft dagegen hat den Einklang mit der natürlichen Ordnung der Dinge völlig verloren. Der Osten hat sich diese unausgewogene westliche Einstellung in den vergangenen Jahrzehnten ebenfalls zu eigen gemacht.

Der *Zenji* wollte wohl sagen, daß der westliche Geist zu sehr im objektivistischen Wahrnehmungsmodell festgefahren ist, um den wahren Dharma zu erfassen. Da einer der anwesenden Amerikaner ziemlich fließend Japanisch sprach, erfuhr ich, was der *Zenji* gesagt hatte. Am Abend dieses Tages trafen wir mit anderen hohen Sōtō-Repräsentanten zusammen, die in der Hierarchie gleich unter dem *Zenji* standen; sie alle waren Rōshis und älter als fünfzig Jahre. Sie hatten die Gelegenheit, uns Fragen zu stellen, aber da sie keine derartigen Anstrengungen unternahmen, sagte ich: »Heute nachmittag, als wir mit dem *Zenji* zusammengetroffen sind, hat er erklärt, die Menschen im Westen seien außerstande, den wahren *Shōbō* zu erfassen, die wahre Lehre des Dōgen Zenji.« Dann fuhr ich in meiner naiven, unreifen Art fort: »Ich pflichte dem *Zenji* darin bei, daß wir den wahren *Shōbō* wahrscheinlich nicht erfassen können, aber wie verhält es sich in dieser Hinsicht mit dem japanischen Geist? Vermag er den wahren *Shōbō* zu erfassen?«

So arrogant diese Frage auch geklungen haben mag, sie hatte durchaus ihre Berechtigung. Zunächst einmal: Kann überhaupt jemand den wahren *Shōbō* erfassen, sei es ein östlicher oder ein westlicher Geist? Kann der Geist den Geist erfahren? Anders formuliert: Können wir wirklich vierundzwanzig Stunden am Tag Dōgen Zenjis Lehre befolgen? Kaum jemand hat bisher nach seinen Maßstäben gelebt. Er hat nur einige wenige Patriarchen akzeptiert, die älter waren als er. Ich habe meine Zweifel, daß er irgendeinen Menschen, der heute auf dem Planeten lebt, uneingeschränkt anerkennen würde.

Noch jetzt muß ich mich vor dem *Zenji* in Dankbarkeit verbeugen. Er ist wirklich ein wahrer Meister. Er hat mich an die Angel genommen. Jetzt habe ich den absoluten Vorsatz gefaßt, daß wir den wahren *Shōbō* im Westen manifestieren, und wenn uns sonst nichts mehr zu tun bleibt! Die Lehre wird nicht sterben, dafür hat schon allein der alte Mann gesorgt.*

---

* Das zweite Buch des Autors, »Beyond Sanity and Madness« (1994), ist ein Kommentar zu Dōgen Zenjis »Yuibutsu Yobutsu: Nur Buddha und Buddha« (Anm. S.L.).

5. Objekte verschwinden – Geist verschwindet

Wenn keine unterscheidenden Gedanken aufsteigen,
hört der alte Geist auf zu existieren.
Wenn die Gedanken-Objekte verschwinden,
verschwindet auch das denkende Subjekt,
und wenn der Geist verschwindet, verschwinden
   die Objekte.
Die Dinge sind Objekte, weil es ein Subjekt gibt,
   einen Geist;
und der Geist ist ein Subjekt, weil es Objekte gibt.
Erkenne die gegenseitige Abhängigkeit von beiden
und die grundlegende Wirklichkeit: Einheit in der Leerheit.
In dieser LEERHEIT ist beides ununterscheidbar,
und jeder von beiden enthält in sich die ganze Welt.
Wenn du nicht zwischen grob und fein unterscheidest,
wirst du nicht zu Vorurteil und Meinung verführt.

Wenn keine unterscheidenden Gedanken aufsteigen,
hört der alte Geist auf zu existieren.

Ohne unterscheidende Gedanken hört der Geist auf, so zu existieren, wie wir ihn kennen. Unser Leiden – das heißt das Gefühl des Unwohl-Seins, der Entfremdung, der Einsamkeit – entsteht, weil wir eine dualistische Art der Wahrnehmung entwickelt haben, die uns von der äußeren Welt trennt. Wenn wir die sogenannte äußere Welt der Erscheinungen als von uns verschieden ansehen, dann entsteht Angst – Angst, wir könnten unser Leben verlieren und plötzlich nicht mehr existieren. Aus dieser Angst entstehen Wut, Eifersucht, Gier, Haß, Ablehnung und Anklammern – alle möglichen Arten des Anhaftens. Alle unsere Probleme entstehen, weil wir uns als getrennte Wesen ansehen. Wir klammern uns an das, was wir als *Ich* erfahren: *mein* Körper, *meine* Ideen, *mein* Geist, *meine* Gedanken, *mein* Verständnis, *mein* Glauben, *meine* Vorstellungen, *meine* Meinung.

Der Dritte Patriarch rät uns, unsere Meinungen nicht zu hegen und von der Fixierung auf unsere persönlichen Vorlieben abzulassen. Wenn wir aufhören, unserem Mögen und Nichtmögen, unseren Neigungen und Aversionen in bezug auf alles mögliche anzuhaften, hört der Geist, wie wir ihn jetzt kennen, zu existieren auf. Das nennt man »den Geist fallenlassen« oder »das Selbst vergessen«. Wenn wir das Selbst vergessen, dann hören alle Objekte der Außenwelt in der vertrauten Art zu existieren auf, als getrennte Objekte außerhalb unserer selbst. Alle Objekte sind dann plötzlich nichts anderes mehr als wir selbst: die Berge, die Bäume, die Felsen, das Gras, der blaue Himmel, der Mond, einfach alles – alles ist Ein Geist, Buddha, Geist. Alles, was existiert, alles, was entsteht, nicht nur die materiellen Objekte, sondern Gedanken und Gefühle gleichermaßen – ist nichts als Geist, nichts als der Buddha-Dharma. Man kann es Gott nennen oder die Quelle oder die wahre Natur. Wie immer wir es nennen, es ist alles Eins, ein Geist.

Der berühmte chinesische Zen-Meister Jōshū hat es als *Mu* bezeichnet. Als ein Mönch von ihm wissen wollte: »Hat auch ein Hund Buddha-Natur?«, erwiderte Jōshū: *»Mu!«* Das Kōan »Was ist *Mu?«* gibt dem Zen-Schüler Gelegenheit, den Einen Geist direkt zu verwirklichen.

Hat diese innere Wandlung einmal stattgefunden, dann hört jedes Anhaften auf. Anklammern und Ablehnen, beides verschwindet. In Wahrheit ist die Ablehnung nur eine andere Form des Anklammerns. Wenn ich nicht mag, wie du bist, dann deshalb, weil ich auf ein anderes Bild von dir fixiert bin, wie du sein sollst. Die Ablehnung, die ich dir entgegenbringe, ist deshalb lediglich die Kehrseite meiner Fixierung auf das Idealbild, das ich mir von dir mache. Das ist auch die Ursache der meisten Beziehungsprobleme – nämlich daß wir an einem Idealbild von unserer Frau, unserem Mann, unseren

Kindern, unseren Eltern festhalten. Wegen dieser Idealvorstellungen können die betreffenden Menschen unsere Erwartungen niemals erfüllen. Täten sie es, dann müßten sie sich selbst untreu werden. Wollten sie tatsächlich versuchen, sich unseren Idealvorstellungen anzupassen, müßten sie eine Lüge leben.

Aber was können wir tun? Müssen wir weiterhin jedermann ändern wollen? Oder könnten wir das Einfachste und Direkteste tun: unsere vorgefaßten Meinungen, Idealbilder und Vorstellungen davon, wie andere zu sein haben, fallenlassen? Dann würden wir den anderen den Raum lassen, ganz einfach zu sein, was sie sind. Und wenn wir die anderen tatsächlich so akzeptieren, wie sie sind, dann werden wir plötzlich von einem immensen Vertrauen erfüllt. Begegnen wir jemandem, der uns soviel Vertrauen entgegenbringt, dann können wir plötzlich auch leichter an uns selbst glauben und im tiefsten Innern akzeptieren, daß wir »in Ordnung« sind. Und falls wir gleichwohl nicht in Ordnung sind, dann ist das auch in Ordnung. Ich habe alle möglichen Komplexe. Ich habe Vorlieben und Abneigungen, Launen und Ticks. Na und! Wir sind alle so. Je mehr wir uns selbst akzeptieren und vertrauen, um so deutlicher sehen wir, daß *Es* – die Buddha-Natur, das wahre Selbst, die Quelle, Gott, Meister, Erleuchtung oder wie man es sonst auch nennen mag – *Ich* ist.

Die Kehrseite der Medaille ist allerdings, daß ich nicht *Es* bin. Das, woraus wir normalerweise unsere Identität herleiten, dieser konkrete Körper, dieser Geist, ist nicht *Es*. Das Licht, das Göttliche, die Buddha-Natur, wie immer wir es auch nennen, tritt nur *durch* mich oder *durch* euch in Erscheinung. Wenn wir unsere Fixierung auf unseren Körper und auf unseren Geist aufgeben, dann gibt es keinen Unterschied mehr zwischen diesem *Es* und dem Selbst. Wie schon der Dritte Patriarch gesagt hat, wird Himmel und Erde unendlich getrennt durch jede kleinste Unterscheidung, die wir machen. Wenn wir der Aussage »Ich bin *Es*« verhaftet sind, bläst sich unser Ego auf, und wir werden sehr arrogant. Wir sollten uns deshalb nicht an die Erfahrung der Erleuchtung anklammern – die Erkenntnis, daß wir *Es* sind. Es fließt nur durch mich hindurch. Ich bin lediglich ein Gefäß.

Was ist denn dieses ganze Sammelsurium, das wir als Selbst bezeichnen? Nichts als unsere Meinungen, Vorstellungen, Überzeugungen, Vorlieben und Abneigungen: Ich mag sie, ich kann ihn nicht ausstehen. Ich möchte dies, ich möchte das nicht. Alle diese Unterscheidungen zeugen nur davon, daß es mir im Grunde genommen nur um mein eigenes Wohlergehen geht. Wenn wir aufhören, solche Meinungen zu kultivieren, wird dies »das Gefäß leeren« genannt. Aber es reicht noch nicht aus, daß Gefäß auszuleeren: Wir müssen aus dem Gefäß auch noch den Boden herausbrechen! Warum? Damit der Dharma frei hindurchfließen kann. Es genügt nicht, die Lehre zu empfangen, uns mit weiteren Unterscheidungen vollzustopfen, die nun als Dharma etikettiert werden. Wir müssen uns rückhaltlos öffnen – bodenlos. Und wie das? Durch beständiges *Sitzen* und indem wir es immer wieder aufgeben, unsere Meinungen für oder gegen etwas zu hegen. Wenn wir aufhören, an unseren Vorlieben festzuhalten, verläuft unser Leben glatt und harmonisch, denn dann sind wir im Einklang mit dem Dharma.

> Wenn die Gedanken-Objekte verschwinden,
> verschwindet auch das denkende Subjekt,
> und wenn der Geist verschwindet,
> verschwinden die Objekte.

Wenn wir mit dem Geist in den Geist hineinschauen, dann konzentrieren wir den Lichtstrahl nach innen, der normalerweise diffus nach außen gerichtet ist. Wir sehen eine schöne Frau oder einen schönen Mann, und sofort werden wir davon abgelenkt, das einfach nur zu erleben. Begehren und Sehnsucht entstehen: Wir träumen davon, ihn oder sie zu besitzen, und klammern uns an das Objekt unserer Begierde. Unser Geist reagiert so, wenn wir von einem unserer sechs Sinne gereizt werden: Sehen, Hören, Riechen, Schmecken, Tasten, Denken.

Wenn wir einen schönen Gedanken haben, geraten wir in Hochstimmung und klammern uns daran fest. Haben wir aber einen schrecklichen Gedanken, zum Beispiel einen Haß- oder Tötungsgedanken, so verabscheuen wir uns deswegen. Wenn wir etwas Häßliches sehen, etwas Stinkendes riechen, so lehnen wir es augenblicklich ab. Warum können wir nicht einfach nur hören, nur sehen, nur Gedanken haben, nur fühlen, nur arbeiten, nur sitzen, nur zuhören, ohne gleich unser Urteil hinzuzufügen. Wäre das nicht wesentlich einfacher?

Die Dinge sind Objekte, weil es ein Subjekt gibt,
einen Geist;
und der Geist ist ein Subjekt, weil es Objekte gibt.

Mit anderen Worten: Subjekt und Objekt stehen miteinander in Beziehung; es gibt das eine nicht ohne das andere. Es gibt kein Subjekt ohne Objekte, die als Bezugspunkte dienen, kein Selbst ohne etwas anderes als Selbst. Deshalb muß ich, wenn ich wirklich existieren möchte, dich dort draußen erschaffen, als getrennt von mir, als etwas, das ich besitzen kann – wie beispielsweise meine Frau oder meinen Sohn, meine Tochter oder meinen Schüler. Selbst und Objekt verstärken sich gegenseitig. Gib das eine auf – schon verschwindet auch das andere. Es ist ganz gleich, welches von beiden wir aufgeben. Laßt das Selbst fallen, und schon verschwinden auch die Objekte. Hört auf, euch auf Objekte auszurichten, und schon verschwindet das Selbst. Körper und Geist fallen ab.

Alle Dualitäten funktionieren so. Auch Leben und Tod bilden eine solche Dualität. In dem Augenblick, in dem wir geboren werden, beginnen wir zu sterben. So wird der Tod schon in dem Moment erschaffen, da das Leben entsteht. Wenn jemand nicht geboren wurde, wird er auch niemals sterben. Leben und Tod sind untrennbar und bilden ein Kontinuum. Das Leben birgt in sich den Tod, und der Tod enthält das

Leben. Wenn wir sterben, ist Wiedergeburt bereits eingeleitet. Und trotzdem ist Leben Leben und Tod Tod. Weshalb also leben wir nicht einfach, solange wir leben, und sterben einfach, wenn wir sterben? Warum sorgen wir uns bereits zu Lebzeiten um den Tod? Wenn wir ein paar alte, abgetragene Kleider haben, werfen wir sie weg – warum sollten wir sie auch unbedingt behalten wollen? Wenn es Zeit für diesen Körper wird, zu Staub zu werden – laßt ihn gehen.

Die größte Gabe, die dem Menschen zuteil werden kann, ist Freiheit von Furcht. Diesem Ziel dient unsere ganze *Praxis*: alle Angst loszulassen mit der Klarheit, die wir *Prajñā* nennen, tief in die Fragen von Leben und Tod zu blicken. Streift sie von euch ab: die Angst vor dem Sterben wie vor dem Leben, dem Tun wie dem Nichttun. Wir haben Angst zu tun, und wir haben Angst, nicht zu tun, wir haben Angst, einfach nur zu *sitzen,* und wir haben genausoviel Angst zu handeln, uns rückhaltlos dem Leben auszuliefern.

Weshalb haben wir soviel Angst? Wenn man ganz und gar in eine bestimmte Tätigkeit hineintaucht, geht man in dieser Tätigkeit auf, verschwindet. Dann gibt es kein Selbst mehr. Unsere gewöhnliche Existenz gleicht einem halb komatösen Zustand der Lähmung. Wir sind zu ängstlich, um wirklich zu leben, und zu furchtsam, um zu sterben. Wenn wir die Angst vor dem Sterben loslassen, fürchten wir uns auch nicht länger vor dem Leben und können endlich »ganz« leben. Und wenn es dann Zeit ist zu sterben, ist dies einfach nur ein anderer Bestandteil des Lebens. Wir können vollkommen loslassen und von ganzem Herzen sterben. Wahres Leben bedeutet, in jedem einzelnen Augenblick, Körper und Geist loszulassen – alle Dinge genau so sein zu lassen, wie sie sind; alles zu erfahren, ohne noch länger von Vorurteilen gefangen zu sein.

Erkenne die gegenseitige Abhängigkeit von beiden
und die grundlegende Wirklichkeit: Einheit in der Leerheit.
In dieser LEERHEIT ist beides ununterscheidbar,
und jedes von beiden enthält in sich die ganze Welt.

Im Leben ist alles enthalten. Im Tod ist alles enthalten. In jedem Ding ist alles enthalten. Wenn wir das Selbst betrachten, ist die ganze Welt nichts als Selbst. Gilt unsere Aufmerksamkeit dem *anderen,* dann ist die ganze Welt nichts als dieser *andere.* Wenn wir uns gut fühlen, ist alles gut, fühlen wir uns schlecht, ist alles schlecht.

Was kann es Wundervolleres, Herrlicheres, Erstaunlicheres, Strahlenderes geben als diese Welt? Jeden Winter treten die Bäume in Winterschlaf – der dem Tod in vielem ähnelt. Dann kommt der Frühling, und alles belebt sich aufs neue. Die Blumen blühen, und die Blätter entfalten sich. Dann ist plötzlich der Sommer da – welche Herrlichkeit! Danach kommt wieder der Herbst mit seinen lebhaften Farben und seiner unglaublichen Schönheit und dann wieder der Winter und so fort. Jeden Morgen geht die Sonne auf und spendet uns Licht, damit wir die Unterschiede der Farben und Formen erkennen können. Dann verblaßt das Licht des Tages wieder, die Dunkelheit der Nacht bricht herein und macht die Dinge nahezu ununterscheidbar, bis ein neuer Morgen anbricht.

Natürlich können wir uns entschließen, alles furchtbar zu finden. Dann ist jeder Tag ein schlechter Tag, und wir müssen immerzu leiden. Warum aber leiden wir? Weil nie etwas genauso geht, wie wir es uns wünschen: Entweder wir möchten selbst anders sein oder wünschen, daß andere anders wären. Mit unserem Körper geht es stetig bergab: Er wird alt und gebrechlich, verfällt schließlich, und alles sieht grimmig und furchtbar aus. Wenn wir den Eindruck haben, daß es schlecht sei, dann wird tatsächlich alles schlecht; haben wir hingegen das Gefühl, es sei gut, dann erscheint alles gut.

Die ganze Welt wird vom Geist erschaffen. Alles hängt davon ab, wie wir sie wahrnehmen. Wenn wir alles aus unserer Ichzentrierten Sicht sehen, dann wachsen uns die Dinge über den Kopf. Wir werden uns dann stets begrenzt und unfähig fühlen, mit den Situationen, in die wir geraten, zurechtzukommen. Wir fühlen uns klein, hilflos und den diversen Kräften ausgeliefert. Gelingt es uns jedoch, über den egoistischen Standpunkt eines autonomen, getrennten Selbst hinauszugelangen, dann eröffnet sich uns ein großzügigerer, umfassenderer klarer Blick, den wir als *unbegrenzten Geist (dai shin)* bezeichnen, ein rückhaltloses Vertrauen in die Dinge, so wie sie sind. Es hängt alles von unserem Entschluß ab, wie wir das Leben wahrnehmen. Wenn wir unser ichzentriertes Selbst loslassen, dann entdecken wir das wirkliche Selbst, das nichts anderes ist als ein ungebundenes Selbst, das für jeden Augenblick des Lebens vollkommen offen ist.

Wenn du nicht zwischen grob und fein unterscheidest, wirst du nicht zu Vorurteil und Meinung verführt.

Aber wir tun ja die ganze Zeit kaum etwas anderes als unterscheiden: »Ich kann diesen Plastikfraß nicht ausstehen, ich esse nur Naturkost« oder: »Das ist aus Polyester, ich trage nur Baumwolle.« Tatsächlich bilden wir uns auf unsere Unterscheidungsfähigkeit sogar noch etwas ein. Wir sagen, daß der typische Amerikaner Sachen aus Polyester trägt und sogenanntes Junk food – wie Hamburger, Pommes frites und Hot Dogs – ißt. Wir tragen Baumwolle und essen Vollwertkost. Sie unterstützen Kriege und Atomkraft und töten Wale. Wir sind für eine schöne, sichere Umwelt. Wir sind gut, und jene sind schlecht. Wir sind schlau, und sie sind dumm. Wir haben recht, und sie haben unrecht.
Warum treffen wir solche Unterscheidungen und klammern uns daran fest? Offenbar helfen sie uns dabei, uns gut, wichtig und im Recht zu fühlen. Aber funktioniert das wirklich? Können wir uns wirklich gut fühlen, wenn wir hassen und verachten? Wir reden zwar von Liebe, aber was verstehen wir darunter? Daß wir nur bestimmte Leute lieben, die keine Polyesterkleider tragen? Können wir alle unsere Meinungen für oder gegen etwas abwerfen? Das ist es, was der Dritte Patriarch von uns verlangt.
Diese Vorstellung erzeugt in uns Widerwillen – einen ganzen Kopf voller Gedanken und Ängste und Mangel an Vertrauen.

Die Angst fragt: »Wer wäre ich denn ohne meine Meinungen und Prinzipien?« Genau das ist der Punkt! *Ihr* wärt überhaupt nicht mehr. Ihr würdet nicht mehr auf die alte Weise weiterexistieren. Und wer oder was wärt ihr dann? Buddha. *Mu.* Jetzt ist jeder Augenblick plötzlich von ungeahnter Frische; auch ihr selbst seid jeden Augenblick neu. Inmitten all des Kommens und Gehens gibt es kein Kommen und Gehen mehr. Inmitten all des Geboren-Werdens und Sterbens, hört ihr auf, geboren zu werden und zu sterben. Wie das? Fragt nicht: Wie! Tut es ganz einfach. *Sitzt* einfach nur. Laßt Körper und Geist los. Vergeßt euch selbst!

6. Weder Kommen noch Gehen

Den Erhabenen Weg zu leben
ist weder leicht noch schwer.
Aber jene, deren Blick begrenzt ist,
sind furchtsam und unentschlossen:
Je mehr sie eilen, um so langsamer kommen sie voran.
Dem Festhalten und Anhaften sind keine Grenzen gesetzt;
selbst das Anhaften an die Idee der Erleuchtung
bedeutet, auf Abwege zu geraten.
Belasse die Dinge einfach, wie sie sind,
und es wird weder Kommen noch Gehen geben.

Den Erhabenen Weg zu leben
ist weder leicht noch schwer.

Den *Erhabenen Weg* zu leben heißt, ohne Begrenzungen zu leben. Es geht nicht darum, ob das leicht oder schwierig ist. Es ist einfach der WEG. Laßt nur zu, daß alles so ist, wie es ist. Es ist einfach, aber wir schaffen immer wieder unnötige Komplikationen. Auf das, was ist, packen wir noch unsere Vorlieben und Abneigungen. Wir wollen die Dinge nicht einfach so sehen und akzeptieren, wie sie sind. Ein Hauptzweck der *Praxis* besteht darin, uns von den eingefärbten Linsen zu befreien, die unseren Blick auf die Wirklichkeit, den Dharma oder die Wahrheit entstellen. Wenn wir entschlossen *Zazen* praktizieren, erleben wir tatsächlich, wie die Brille verschwindet, die sich zwischen uns selbst und alles übrige geschoben hat.

Aber was gibt uns die Kraft, mit solcher Entschlossenheit *Zazen* zu praktizieren? Die Basis ist der Glaube, das Vertrauen. Wenn wir kein Vertrauen haben, können wir nicht wirklich *sitzen*. Und woher sollen wir wissen, ob wir genügend

Vertrauen haben? Wenn ihr regelmäßig, soviel wie möglich *sitzt* und an *Sesshin* teilnehmt, wann immer sich dazu eine Gelegenheit bietet, dann stellt ihr euer Vertrauen unter Beweis. Wir alle finden immer wieder Gründe, nicht zu *sitzen,* ehrliche, plausibel klingende Ausreden, die aber oft genug nur von unserem Widerstand zu *sitzen* kommen, uns mit uns selbst und mit unserem Leben zu konfrontieren. Es erfordert immenses Vertrauen, in diesen Phasen des Widerwillens dabeizubleiben und auch in schwierigen Zeiten nicht wegzulaufen.

Darum geht es in unserer *Praxis:* das Selbst zu erfahren, das Selbst zu erkennen und auf diese Weise das Selbst zu verwirklichen. Wann? Ausnahmslos immer. Wie? Indem wir wir selbst sind und nicht jemand anderer, nicht das Bild eines anderen davon, wie wir sein sollten. Wir können niemals dem Bild entsprechen, das ein anderer sich davon macht, wer und wie wir sein sollten, deshalb fühlen wir uns mit uns selbst entzweit, schuldig. Wir verspannen uns und machen auch die anderen verkrampft.

Bisweilen machen wir uns ziemlich seltsame Vorstellungen davon, inwieweit unsere *Praxis* mit dem Verwirklichen des WEGES zu tun hat. So habe ich zum Beispiel vor bereits mehr als zweiundzwanzig Jahren ein Jahr lang intensiv Karate geübt. Dann habe ich vor drei Jahren wieder damit angefangen, nachdem ich über zwanzig Jahre mit diesem Sport kaum mehr etwas zu tun gehabt hatte. Ich betrachte mich selbst noch immer als Anfänger und würde nie behaupten, daß ich ein fortgeschrittener Karate-Schüler bin, bloß weil ich schon vor vielen Jahren mit dem Training angefangen habe. So mancher Zen-Anhänger glaubt, nur weil er seit fünfzehn oder zwanzig Jahren gelegentlich an Sesshin teilgenommen und jeden Tag ein bißchen *gesessen* hat, sei er bereits ein fortgeschrittener Zen-Schüler. Dabei ist es nicht besonders wichtig, wie viele Jahre jemand bereits *sitzt.* Entscheidend sind vielmehr die Intensität unserer *Praxis* und die Tiefe unserer Verwirklichung.

Was ist wahre Verwirklichung? »Ich bin *Es*. Ich bin der WEG.«
Genau das erkennt jeder von uns, wenn er *sitzt* und aufmerksam *übt:* »Ich bin die Wahrheit. Ich bin der Dharma. Ich bin der Buddha.« Das ist die erste wirkliche Öffnung, diese Erkenntnis endlich zuzulassen. Bevor wir nicht an diesen Punkt gelangt sind, können wir es immer wieder hören und werden doch nicht in der Lage sein, es zu verdauen, ja es auch nur zu schlucken. Irgendwie fühlen wir uns so schlecht; wir haben solch einen Mangel an Selbstvertrauen, daß wir diese Erkenntnis nicht in uns hineinlassen können. Wir meinen, der Buddha sei jemand anderer, daß der Meister ein anderer ist als wir selbst.

Diese erste Öffnung, die wir *Kenshō* nennen, bedeutet, daß wir in unser Wesen hineinblicken und imstande sind zu erklären: »Ich bin *Es*.« Es gibt keine Abtrennung von dem Ganzen: Dies ist *Es*. Diese Erfahrung unterscheidet sich grundlegend von der Vorstellung, die ihr in eurem Kopf davon habt, was ein Buddha ist oder was *Mu* ist. Dieser Körper und dieser Geist ist *Mu!* Sobald wir diese Umwandlung gegangen sind, beginnen wir, die Verantwortung für uns selbst zu übernehmen. Bis zu diesem Zeitpunkt können wir noch den anderen die Schuld zuweisen. Wir können sagen, Gott, die Welt, die Eltern, der Ehemann, die Ehefrau, die Kinder, der Chef, alle beliebigen anderen seien für den Zustand unseres Lebens verantwortlich. In Wahrheit tut niemand uns etwas an. Wenn wir das begreifen, übernehmen wir in allen Situationen für uns die Verantwortung und akzeptieren unser Leben als *ebendies*. Dann sind wir der Meister.

Das Wort *Buddha* bedeutet *der Erwachte*. Zu seiner wahren Natur zu erwachen heißt, Buddha zu sein. Was bedeutet das? Was erkennt ihr, durch all euer Suchen, alle Anstrengungen und alle Entschlossenheit? Was findet ihr? Absolut gar nichts! Wir alle versuchen, etwas zu erreichen und stellen dabei fest, daß es von allem Anfang an nichts zu erreichen gegeben hat.

Es gibt ein Kōan, das von einem Buddha handelt, der zehntausend Äonen *saß* und doch nie den Dharma erreichte. Ein Buddha, der so lange *praktiziert* und doch keine Erleuchtung erlangt? Wieso nicht? Weil er ein nichts erreichender Buddha ist. Wie sollte denn ein erwachter Mensch erwachen? Dieser Traumzustand der Verblendung, dieser Zustand der Unwissenheit, in dem wir uns befinden – ist der erwachte Zustand! Es gibt keinen anderen Zustand, kein anderes Ufer und nichts anderes, das wir erreichen könnten.

Und wozu soll dann all diese Mühe, all dies Suchen gut sein? Wohin versuchen wir denn überhaupt zu gelangen? Wir können Verblendung und Erleuchtung, Unwissenheit und Erkenntnis, Samsāra und Nirvāna nicht trennen. Diese samsarische Welt ist *Es!* Das Problem ist, daß wir das nicht akzeptieren. Wir klammern uns an Vorlieben, und das ist die Ursache unseres Leidens. Macht daher einfach Schluß mit dem begrifflichen Denken! Wie? Durch *Zazen!* Und was sollen wir tun? *Nicht-Denken!* Was ist das – *Nicht-Denken?* Nur sitzen und nicht denken. Und wie stellt man das an – nur sitzen und nicht denken? Unterlaßt einfach jegliche Anstrengung zu denken.

Es ist ganz natürlich, Gedanken zu haben, aber Denken erfordert Anstrengung. Der natürlichste Zustand ist *Nicht-Denken.* Was aber ist unter *Nicht-Denken* zu verstehen? Daß wir einfach zulassen, daß Gedanken im Geist aufsteigen, und sie vorbeiziehen lassen – das ist *Nicht-Denken.* Das Nicht-Denken liegt jenseits von Gedanken und Nicht-Gedanken: Es ist weder leerer Geist noch geschäftiger Geist. Wenn der Geist auf natürliche Weise zur Ruhe kommen kann, dann gibt es kein Problem mehr. Ein Problem schaffen wir erst, wenn wir die spontan aufsteigenden Gedanken nicht mögen und sie loswerden wollen. Dann nisten sich unsere Gedanken um so hartnäckiger ein.

Aber jene, deren Blick begrenzt ist,
sind furchtsam und unentschlossen:
Je mehr sie eilen, um so langsamer kommen sie voran.

Der vollkommene WEG kennt keine Schwierigkeiten. Bei diesem WEG geht es nicht um schwierig oder leicht, darum laßt ihn einfach sein, wie er ist! Jene, deren Blick begrenzt ist, haben Angst davor, das zu begreifen. Was aber ist das – ein begrenzter Blick? Denkt darüber nach. Wir denken, das eine sei gut, das andere schlecht, das eine richtig, das andere falsch: »Einen anderen zu schlagen, das ist schlecht!« Aber warum soll es falsch sein, einen anderen zu schlagen? Einige von euch sind schon während eines *Daisan* geschlagen worden. Vielleicht war das genau das Richtige, vielleicht hat es euch erweckt. Es gibt kein absolutes »richtig« oder »falsch«. Mein Karate-Lehrer sagte manchmal, wenn man wirklich die Wahrheit über jemanden wissen wolle, muß man ihn schlagen. Jeder kann nett zu euch sein, wenn ihr nett seid, liebenswürdig, wenn ihr liebenswürdig seid. Aber was tut so jemand, wenn ihr ihn schlagt oder ihm anderweitig Probleme macht?

Wenn ich sage, Töten sei nicht schlecht, so hört euer Geist, Töten sei gut. Unser Geist funktioniert immer in der Form »Entweder-Oder«: Das ist richtig, jenes falsch. Wenn ich sage, die Zimmerdecke sei nicht hoch, dann denkt ihr, daß ich sage, die Decke sei niedrig – obwohl doch die Decke nur weder besonders hoch noch auffallend niedrig ist. Unser Geist erzeugt unentwegt solche Polaritäten.

Selbst eine so grundlegende Sache wie die Liebe wird von unserem Geist gründlich mißverstanden und mit dem Anhaften an unser Selbst und dem Anhaften an Objekte verwechselt. So bereitet es uns in der Zen-Schulung zum Beispiel die größten Probleme, daß wir nicht wie ein Objekt behandelt werden. Ist das nicht erstaunlich? Wir glauben doch, daß niemand wie ein Objekt behandelt werden möchte. Ist das nicht einer der Hauptpunkte der Frauenbewegung – daß die Frauen von den Männern nicht als Sexualobjekte behandelt werden wollen. Aber was passiert, wenn jemand tatsächlich aufhört, uns wie ein Objekt zu behandeln? Sofort stellen wir uns die Frage: »Spiele ich in seinem Denken etwa keine Rolle?« –

»Bin ich nicht wichtig?« – »Bin ich niemand?« Ist das nicht unsere große Angst: Wir könnten unsere Individualität, unser Selbst verlieren? Nicht mehr zu wissen, wer wir sind? In der bedingungslosen Liebe ist unsere Persönlichkeit, unsere Identität ausgelöscht. In jenem Augenblick, da wir *eins* werden, sind Subjekt und Objekt plötzlich nicht mehr da, und wir verlieren uns vollständig.

Wenn ihr zum *Daisan* kommt und wirklich offen und verletzlich seid, dann ist da nichts als Liebe. Das kann angsterregend sein, weil es in diesem Zustand der Liebe kein Selbst mehr gibt. Wenn ihr das Gefühl habt, euch selbst zu verlieren, klammert ihr euch als erstes an eurer altvertrauten Identität fest. In euren Augen erscheint Angst: Ihr befürchtet, euch selbst zu verlieren, und deshalb verschließt ihr euch. Damit ist die wirkliche Gemeinsamkeit beendet. Vielleicht unterhalten wir uns noch ein wenig, aber die wirkliche Begegnung ist vorbei, weil ihr euch verschlossen habt.

Es heißt, der Lehrer sei ein Spiegel. Wenn ihr hereinkommt, ist der Lehrer einfach da – ohne vorgefaßte Meinungen und Ideen – bloß da. Wenn ihr zu furchtsam seid, um ebenfalls nur einfach dazusein – ohne Selbst und ohne eine Grenze zwischen euch und dem Lehrer zu ziehen –, und wenn ihr euch in eurer Angst verschließt, dann spiegelt der Lehrer das wider, so daß ihr genau sehen könnt, wo ihr steht.

Wenn zwei Menschen ohne eine trennende Grenze beisammen sind, dann gibt es kein Objekt, und deshalb verschwindet auch das Subjekt. Das gleiche gilt natürlich auch umgekehrt: Ohne Subjekt kein Objekt. Das wird *Ein Geist* genannt. Das ist wahre Übertragung. Wenn wir sagen, die Schüler-Lehrer-Unterredung habe ein Ziel, dann das, daß zwei Seelen eins werden. Der Schüler wird Meister und der Meister Schüler – untrennbar!

Darum geht es in unserer *Praxis:* daß ihr zum Meister werdet. Wenn ihr euch selbst öffnet, wenn ihr euer Herz öffnet, wenn ihr leer und ohne Boden seid, dann fließt der Dharma. Solange ihr euch jedoch an Vorlieben und Abneigungen festklam-

mert, an Meinungen, Vorurteilen, an eurem Selbst-Bewußtsein, solange kann es nicht geschehen. Wir müssen nicht
allein das Selbst befreien und bodenlos werden, sondern sogar
noch all das abwischen, was sich an den Rändern abgesetzt
hat. Alle Selbst-Rückstände verunreinigen auf die eine oder
andere Weise den Fluß. Wir müssen uns selbst von *allen*
Verunreinigungen befreien.

Das ist auch die Bedeutung von *Samu*, der täglichen Arbeits-
zeit: die Reinigung. Dabei reinigen wir aber nicht lediglich den Teppich und die Möbel von etwaigem Staub,
sondern den Geist, das Selbst. Aber was ist dieser ganze
Schmutz und Staub, den wir entfernen? Verblendungen, Verunreinigungen – all unsere Meinungen und Standpunkte,
das *Ich* und das *Mein*. Solange wir an unserer eigenen, persönlichen Perspektive festhalten, bleiben wir beschränkt und
eng, begrenzt und klein, leidend. Wenn wir den anderen vor
uns selbst den Vorrang einräumen und nur um des Buddha-
Dharma willen handeln, dann verwirklichen wir grenzenlosen Geist.

Als Maezumi Rōshi als vierundzwanzigjähriger Mönch aus Japan fortging, gelobte er, fortan immer zuerst an die anderen
und nie an sich selbst zu denken. Ein erstaunliches Gelöbnis,
nicht wahr? Das ist nicht leicht. Vielleicht ist ein solcher Vorsatz sogar eine Überforderung. Jenes Gelöbnis hatte für ihn
jedenfalls eine Menge Schmerz und Leid zur Folge. Aber
durch all diesen Schmerz und all dies Leid hat er sich sehr
vervollkommnet. Er gab unentwegt Dokusan für Schüler.
Wir forderten ihn immer wieder auf, wenigstens einmal einen
Tag frei zu machen oder sich wenigstens Zeit zum *Sitzen* zu
nehmen, aber er ließ sich nicht darauf ein. Er *saß* höchstens
einmal für fünf oder maximal zehn Minuten, und dann ging
er direkt wieder in den *Dokusan*-Raum, weil manchmal bis zu
hundert Leute zu ihm kommen wollten. Und er blieb dort
zweieinhalb bis drei Stunden, viermal täglich. Es war hart für
mich, das mitzumachen. Jedenfalls kam ich abends meistens
ziemlich erschöpft nach Hause.

Als ich meinen Karate-Lehrer, den ich sehr schätze, einmal gefragt habe: »Wie kommt es, daß Sie so erfolgreich sind?« – wißt ihr, was er da geantwortet hat? Er sagte: »Ich denke nie an mich selbst, sondern nur daran, was für die Leute gut ist und für den *Dōjō*.« Und so war es tatsächlich. Er tauchte dort jeden Morgen um halb fünf auf – ich habe es selbst überprüft. Dann habe ich beschlossen, das zu meiner Praxis zu machen und um halb fünf dort zu sein.

Aber wie verhalten wir uns für gewöhnlich? »Ich bin zu müde, zu beschäftigt. Mir ist alles zuviel.« Wir verstricken uns in uns selbst, unsere Gefühle, unser Denken. Alles ist uns zuviel. Laßt ihr hingegen das Selbst los, wenn ihr das Selbst vergeßt, dann ist euch nichts mehr zuviel. Überlegt, was um des Buddha-Dharma willen richtig ist, und dann tut es. Das funktioniert immer. Wenn wir das vergessen, entwickeln sich die Dinge häufig nicht so positiv.

> Dem Festhalten und Anhaften sind keine Grenzen gesetzt;
> selbst das Anhaften an die Idee der Erleuchtung
> bedeutet, auf Abwege zu geraten.

Das Anhaften an irgend etwas führt uns in die Irre, besonders das Anhaften an die Idee der Erleuchtung. Denn dann erweist sich die Erleuchtung plötzlich als größtes Hindernis, als höchste Verblendung. Bedeutet das, daß wir auf die Erleuchtung verzichten sollten? Nein, es bedeutet: Gelangt zur Erleuchtung und vergeßt sie dann. Manch einer von euch macht es vielleicht genau wie ich und versucht die Erleuchtung loszulassen, bevor er sie überhaupt erlangt hat, in dem Wissen, wie stark das Anhaften sein kann. Zunächst aber solltet ihr mit aller Kraft versuchen, Erleuchtung zu erlangen. Habt ihr sie dann schließlich erlangt, dann laßt sie einfach los. Das ist allerdings eine höchst verzwickte Angelegenheit: Denn wenn ihr erkennt, was Erleuchtung ist, erkennt ihr absolut gar nichts. Und wie soll man an nichts anhaften? Aber wie einem Zauberkünstler gelingt es uns doch irgendwie.

Es ist wie in der Geschichte von Enyadatta, einer Frau, die eines Morgens nach einer durchzechten Nacht verschlafen aufwachte. Sie schaute in den Spiegel, um sich selbst zu bewundern, wie sie es häufig tat, denn sie war ziemlich eitel und selbstzentriert. Allerdings hatten ihre Kinder am Vorabend beschlossen, ihr einen kleinen Streich zu spielen; sie hatten Enyadattas Spiegel umgedreht, so daß diese an jenem Morgen ihr Spiegelbild nicht sehen konnte. Sie geriet augenblicklich in Panik, weil sie ihren Kopf nicht mehr finden konnte!

Enyadatta fing an zu schreien: »Wo ist mein Kopf? Wo ist mein Kopf?« Sie suchte unter dem Bett, unter der Bettwäsche, im Schrank, hinter der Kommode, im ganzen Haus – doch ohne Erfolg. Dann rannte sie wie wahnsinnig aus dem Haus und versuchte, den Weg zurückzuverfolgen, den sie am Vorabend nach dem Trinkgelage genommen hatte. Dabei schrie sie unentwegt: »Wo ist mein Kopf?«

Schließlich entdeckte ein Freund die halb irre umherlaufende Enyadatta und hielt sie fest. Er versuchte, ihr mit Argumenten beizukommen und erzählte ihr wieder und wieder, daß sie ihren Kopf nicht verloren habe, sondern ihn immer noch auf den Schultern trage. Aber in ihrem verwirrten Geisteszustand konnte sie ihm weder glauben noch richtig verstehen, was er ihr zu erklären versuchte. Deshalb mußte ihr Freund sie an einem Stuhl festbinden, damit sie nicht weiterhin umherrennen und sich selbst oder sonst jemanden verletzen konnte. Sie aber kreischte und schrie auch weiterhin und versuchte verzweifelt, ihre Fesseln abzuschütteln, weil sie nicht aufhören konnte, nach ihrem Kopf zu suchen. Schließlich hing sie schwach und erschöpft auf ihrem Stuhl.

Erst jetzt fing sie aus schierer Müdigkeit an, sich zu entspannen. Zwar hörte sie nun, was ihr Freund sagte, akzeptieren konnte sie es noch immer nicht. Aber immerhin überlegte sie: »Habe ich wirklich meinen Kopf verloren, oder habe ich mir nur etwas eingebildet?« Genau im richtigen Augenblick versetzte ihr Freund ihr einen Schlag ins Gesicht. Sie faßte sich an den Kopf und schrie vor Schmerz auf: »Au! Mein Kopf, mein Kopf – wer hat mir da am Kopf wehgetan?!« Dann wunderte sie sich plötzlich: »Mein Kopf? ... Mein Kopf! Dann habe ich ja doch einen Kopf!« In dieser Sekunde erkannte sie zweifelsfrei, daß sie tatsächlich einen Kopf hatte.

Enyadatta war außer sich vor Freude. Sie schrie: »Schaut alle her, ich habe meinen Kopf gefunden! Was für ein Wunder!« Als ihr Freund sie in diesem Zustand exaltierter Freude sah, beschloß er, sie noch so lange an den Stuhl gefesselt zu lassen, bis sie wieder zu Verstand kommen würde.

Enyadatta begriff schließlich die Absurdität der ganzen Situation. Sie verstand jetzt, daß sie ihren Kopf niemals verloren hatte. Sie kehrte nach Hause zurück, kümmerte sich um ihre Kinder und erledigte ihre Arbeit. Allerdings war sie jetzt nicht mehr so selbstzentriert wie zuvor. Dank dieser Erfahrung war sie nun weniger eitel als früher und auch nicht mehr so sehr mit sich selbst beschäftigt.

Die von Shākyamuni Buddha selbst erzählte Originalversion dieser Geschichte ist im Lotos-Sūtra enthalten; sie ist eines der trefflichsten Gleichnisse für das menschliche Leben. Die Phase, bevor Enyadatta in den Spiegel schaut, entspricht jener Lebenssituation, in der sich jeder von uns befindet, bevor wir anfangen, danach zu fragen, was uns fehlt. Wir sind alle sehr damit beschäftigt, nach Sicherheit und Glück zu suchen, eine gesellschaftliche Position, einen Namen, Ansehen zu erringen und nicht zuletzt möglichst großen Wohlstand anzuhäufen. Wir sind völlig mit uns selbst und der Oberfläche der Dinge beschäftigt und damit, wie die anderen uns sehen und was sie von uns denken. Und dann kommt irgendwann ein Punkt, da stellen wir fest, daß irgend etwas fehlt. Wir empfinden unser Leben als leer, und so beginnen wir nach einem Sinn, einer Bedeutung unserer Existenz Ausschau zu halten.

Wir begeben uns auf die Suche nach der Wahrheit, rennen hierhin und dorthin und bemühen uns auf die eine oder andere Weise, ein besseres Leben zu führen, und hoffen so, auf unsere Fragen eine Antwort zu finden. Und so beginnen wir aus eigenem Antrieb oder durch Anregung eines spirituellen Freundes, hoffnungsvoll *Zazen* zu praktizieren. Anfangs fällt es uns wahrscheinlich schwer, reglos dazusitzen und unseren Geist zu beruhigen. Wir erleben eine Menge innere Widerstände und reichlich unangenehme Situationen, aber wenn wir ehrlich entschlossen sind, unseren Kopf zu finden, unser Wahres Wesen, dann führen wir die Sitzpraxis weiter. Aber selbst wenn wir hören oder lesen, daß es uns an nichts fehlt, daß wir alle Buddha-Natur haben, so können wir das so lange nicht glauben und akzeptieren, wie sich unser Suchen noch nicht durch die *Praxis* erschöpft hat. Erst dann fangen wir an, die Lehre zu hören.

An diesem Punkt vertrauen wir, daß wir tatsächlich die Fähigkeit haben, zu unserem Wahren Wesen erwachen zu können. Das tatsächliche Erwachen kann sich jeden Augenblick einstellen – und zwar durch einen Schlag ins Gesicht, das Krächzen eines Vogels oder einen Donnerschlag. In diesem Augenblick – da wir uns selbst vergessen – wird uns unser Wahres Wesen offenbart. Nachdem wir unser Erwachen zu unserer Buddha-Natur jetzt mit großer Freude und Erregung erfahren haben, geraten wir in die Phase des »Zen-Gestanks«. Wir wollen unsere Erfahrung mit jedermann teilen. Diese Phase kann viele Jahre dauern, bis es uns gelingt, die Vorstellung unserer Besonderheit von uns abfallen zu lassen. Denn genau wie Enyadatta ihren Kopf schon immer auf ihren Schultern getragen hat, waren wir noch nie ohne Buddha-Natur – was ist also so Sensationelles daran, daß wir auf diesen Umstand endlich aufmerksam geworden sind? Wir müssen schließlich begreifen, daß alles eine große Verblendung gewesen ist, sowohl die Vorstellung, daß uns die Buddha-Natur fehlt wie auch der Gedanke, wir hätten sie gefunden.

Erst wenn es uns gelingt, unsere Fixierung auf unsere Erweckung von uns abfallen zu lassen, kehren wir in unseren Normalzustand zurück und hören auf, nach etwas Ausschau zu halten, was uns besser oder vollständiger machen könnte; jetzt sind wir einfach wir selbst, tun, was wir tun müssen, und kümmern uns um das, was die jeweilige Situation erfordert. Wir sind jetzt nicht mehr so sehr mit uns selbst beschäftigt und nehmen bewußter wahr, was um uns herum geschieht. Wir sehen die Dinge, wie sie wirklich sind, und agieren und reagieren ungezwungen aus wahrem Mitgefühl und wahrer Weisheit.

Genau wie in der Geschichte von Enyadatta müssen wir verzweifelt nach unserem Kopf suchen, um zu erkennen, daß wir ihn nie verloren haben. Wenn ihr wirklich euren Kopf verloren hättet, wie solltet ihr dann danach suchen? Mit absoluter Entschlossenheit, in einem Zustand völliger Panik und Verzweiflung, als ob euer Kopf in Flammen stünde! Mit dieser Art von Entschlossenheit werdet ihr euer Wahres Wesen sicher erkennen. Wenn ihr euch jedoch zurückhaltet, um euch auch nur ein wenig zu schützen, und sei es um Haaresbreite, dann werdet ihr es nicht schaffen.

Warum, glaubt ihr, haben im Laufe der Jahrhunderte nur so wenige Menschen Erleuchtung erlangt? Weil man dazu als erstes, das heißt zuallererst und nicht etwa zuletzt, alle Verhaftungen an Körper und Geist abstreifen muß. Alle großen Meister, die im Bodhi-Geist den WEG gesucht haben, haben von sich selbst abgesehen und Körper und Geist fallen lassen. Das ist das erste, was auch wir tun müssen: den Körper und den Geist abstreifen. Aber wann? Wir sagen: »Laßt uns noch ein paar Jahre damit warten; warum sollen wir es schon jetzt tun? Es gibt gerade noch so viele Dinge, die wichtiger sind.« Aber was verlieren wir, wenn wir den Körper und den Geist abstreifen? Absolut gar nichts, außer eine Menge von Ideen und Vorstellungen, Vorlieben und Abneigungen, Haß- und Wutgefühlen, Eifersucht, Neid und Gier. Und was tritt an dessen Stelle? Mitgefühl, bedingungslose Liebe, Wahrheit!

> Belasse die Dinge einfach, wie sie sind,
> und es wird weder Kommen noch Gehen geben.

Wenn wir *Zazen* praktizieren, ist es dann nicht so, daß wir alles so sein lassen, wie es ist? Das ist ja das Schöne daran.

Wenn wir einschlafen, machen wir in gewisser Hinsicht das gleiche, nur daß wir uns dessen nicht bewußt sind. Nur wenn wir *Zazen* praktizieren, belassen wir bei vollstem Bewußtsein alles so, wie es ist. Allerdings beschränkt sich *Zazen* nicht nur auf das *Sitzen,* sondern es geht um jeden Moment, in dem ihr aufmerksam und offen seid – selbst den Moment gerade jetzt. Wenn wir zulassen, daß alles so ist, wie es ist, dann ist das wahres *Zazen* – wenn wir zulassen, daß alles, was irgendwie in unserem Bewußtsein auftauchen will, dort auftaucht und dann wieder verschwindet: das Zwitschern der Vögel, die aufgehende Sonne, der untergehende Mond, dahinziehende Wolken, bellende Hunde, jaulende Katzen. Vermeidet es, irgendwelche Barrieren aufzubauen oder euch von dem Geschehen zu separieren.

Wenn ihr *sitzt:* Wau wau! Es gibt keinen Unterschied zwischen euch und dem Hund, nur: wau wau! Weder innen noch außen, kein Ende und keinen Anfang, kein Kommen und kein Gehen; keinen Abstand, keine Trennung. Aber was tun wir? Wir plazieren das Geschehen augenblicklich nach außen und nennen es »bellender Hund«.

Die Tatsache, daß ihr zwischen einer jaulenden Katze und einem bellenden Hund unterscheiden könnt, bedeutet, daß ihr über *Prajñā* verfügt, unterscheidende Weisheit. Bevor wir lernen, in nondualistischer Weise zu denken, werden unsere Differenzierungen unterscheidende Verblendung, unterscheidender Geist genannt. Wir hören »Hund« oder »Katze«, und augenblicklich stellen sich unsere Vorlieben ein: »Ich mag Hunde, ich hasse Katzen« oder umgekehrt. Oder: »Ich mag zwar Hunde in gewissen Situationen, aber nicht, wenn sie draußen vorm Fenster bellen.«

Wenn ihr schlicht zwischen einem Hund und einer Katze unterscheidet, so ist das *Prajñā.* Sobald sich jedoch eure Vorlieben geltend machen, ist das unterscheidende Verblendung. Laßt einfach die Dinge sein. Laßt die Katzen jaulen, die Hunde bellen, die Autos vorbeifahren. Wir versuchen ständig, unsere Umgebung zu kontrollieren, nur beim *Sitzen* nicht; dann können wir nichts dran ändern. Aber auch über unseren Partner, unsere Kinder, unsere Eltern versuchen wir permanent Kontrolle, Herrschaft auszuüben. Verhaltet euch auch gegenüber anderen wie beim *Sitzen:* Laßt die Leute so, wie sie sind.

7. Folge deinem eigenen Wesen

Folge dem Wesen der Dinge,
und du wirst frei und ungestört wandeln.
Wo der Gedanke in Fesseln liegt, ist die Wahrheit verborgen,
denn alles ist dunkel und unklar.
Die Last des Urteilens
bringt Verdruß und Erschöpfung.
Welcher Nutzen läßt sich ableiten
aus Unterscheidungen und Trennungen?

Folge dem Wesen der Dinge,
und du wirst frei und ungestört wandeln.

Wie können wir etwas gehorsam folgen, das wir nicht kennen, das wir nicht begreifen, womit wir nicht vertraut sind? Die Antwort ist ganz einfach: Wir können es nicht. Das genau ist der Grund für unser Leiden, der Grund all unserer Probleme, unseres Gefühls der Entfremdung.
Erleuchtet sein bedeutet, in die Natur aller Dinge hineinzusehen und in das Wesen des Selbst. Was ist dieses Wesen? Was ist euer Wesen, mein Wesen, unser Wesen? Es wird Leerheit genannt, So-heit, *Mu,* Buddha-Natur, Wahres Wesen, wahres Selbst. Und was ist diese Buddha-Natur, dieses Wahre Wesen? Nicht-Wesen! Das ist unser Wahres Wesen. Ist das nicht interessant? Unser Wesen ist Nicht-Wesen. Unser wahres Selbst ist Nicht-Selbst. Unser wahrer Geist ist Nicht-Geist. Die wahre Essenz unseres Geistes ist Nicht-Essenz, Nicht-Dingheit.
Womit sind wir unentwegt beschäftigt? Damit, uns in Beziehung auf alles und jedes zu definieren. In bezug auf meine Kinder bin ich Mutter oder Vater; im Hinblick auf meine Eltern Sohn, Tochter, Kind; im Verhältnis zu meiner Frau bin

ich Ehemann; in Relation zur Geliebten Geliebter; im Hinblick auf die Gesellschaft Krimineller, Lügner, Dieb, schlechter Mensch, guter Mensch – das alles besteht nur in Beziehung zu etwas anderem. Und was stellen wir mit diesen Definitionen an? Wir benutzen sie, um uns zu binden. Wie das? Bereits durch den Akt des Definierens errichten wir Grenzen. Zunächst einmal: Es gibt nur *Einen Geist*, alles ist *eins*. Dann aber erzeugen wir Grenzen und Definitionen. Sobald wir uns selbst im Hinblick auf andere definieren, fühlen wir uns schon besser, weil wir jetzt wissen, wie wir zu sein und uns zu verhalten haben. Wenn wir ohne die geringste Kenntnis unserer Rolle in eine Situation hineingehen, so erzeugt das Angst. Unter solchen Umständen müssen wir nämlich volles Vertrauen zu uns selbst haben. Aber wie können wir uns selbst vertrauen, wenn wir nicht wissen, wer wir sind? Deshalb greifen wir lieber auf eine Definition von uns selbst zurück und setzen unser Vertrauen in dieses Selbstbild.

Ein ziemlich leichtfertiges Unterfangen, nicht wahr – mein Vertrauen auf einer Definition aufzubauen? Schauen wir einmal, was passiert, wenn ich mich als Sohn definiere und meine seelische Sicherheit aus diesem Rollenverständnis beziehe. Irgendwann sterben meine Mutter und mein Vater. Und wer bin ich dann? Wenn ich meine Identität als Ehefrau aufbaue und meinen Mann verliere, wer bin ich dann? Wenn ich Vater oder Mutter bin und verliere mein Kind, wer bin ich dann? Wenn ich mich als Kind definiere und dann plötzlich neunzehn oder zwanzig Jahre alt bin und mein Elternhaus verlasse, wer bin ich dann?

Wir verlieren unsere Identität, wenn wir unsere Selbstdefinition einbüßen. Wir begreifen es zwar meistens nicht, aber das ist ein wundervolles, außergewöhnliches Geschehen, weil wir dann eine Zeitlang von unseren Grenzen befreit sind. Wenigstens vorübergehend sind wir *niemand,* aber dieser Zustand erzeugt einfach zuviel Angst. Und was stellen wir nun sofort an, um wenigstens nicht ganz ohne eine Definition und ein falsches Gefühl der Sicherheit und Geborgenheit leben zu müssen? Wir stürzen uns in eine neue Beziehung. In einer Beziehung, selbst wenn sie nicht wirklich funktioniert, wissen wir wenigstens, wer wir sind.

Und dann setzen wir uns eines Tages auf das Kissen. Und was geschieht sofort? Wir beginnen unsere Grenzen und unsere Vorstellungen davon, wer wir sind, zu verlieren. Wir verlieren zunehmend unsere Identität. Das gleiche geschieht in einer Beziehung zu einem Menschen, der uns nicht eindeutig definiert, der uns einfach ohne Vorurteil akzeptiert. Und wer sind wir dann? Statt offen zu bleiben und ohne Grenzen zu leben, verschließen wir uns aus Angst vor dem Unbekannten, beschränken uns und grenzen uns durch die altvertraute Selbstdefinition ein.

Wir leben nicht gerne in Angst, ja, wir hassen es geradezu, trotzdem tun wir es. Ich möchte nicht zu mir selbst sagen: »Ich habe Angst.« Deshalb wende ich meine Gefühle nach außen und erkläre: »Ich hasse dich.« Aber wir sprechen das nicht gern aus, denn in unserer Gesellschaft ist es nicht o.k., stimmt's? Es ist vielleicht o.k., wütend zu werden, aber nicht zu hassen. Und so laufen wir umher und sind ständig wütend, oder aber wir unterdrücken die Wut und sind deshalb unzufrieden und verstimmt. Was liegt unter unserer Wut? Haß. Was liegt unter diesem Haß? Angst. Und was liegt dieser Angst zugrunde? Keine Definition: Nicht-Selbst. Was ist die Ursache des Problems? Mangelndes Vertrauen in jenes Nicht-Selbst oder nicht fixierte Selbst: jenes nicht eindeutig definierte Selbst.

Das wird auch ganz deutlich, wenn ihr zum Beispiel mit einem Kōan wie *Mu* oder »Wer ist der Meister?« oder »Wer hört den Klang?« arbeitet. Es ist ganz offenkundig: Ich höre den Klang. Wer hört ihn sonst noch? Wenn ihr sagt, daß ihr ihn hört, dann höre ich ihn immerhin auch noch. Drei Millionen Leute sagen, daß sie ihn hören, gleichwohl ist es nur ein Ich, das hört. Dieses Ich wird »universelles Ich« genannt, grenzenloser Geist. Wenn ein Hund bellt, hört das jeder von uns. Wenn wir fragen: »Wer hört es?«, Ich. Innerhalb dieses großen *Ich* erzeugen wir kleine Kreise, kleine Ichs. Es ist, als würden sich diese kleinen Kreise aneinander reiben wie die Steine in einem Flußbett: »Mach die Tür zu!« – »Nein, ich möchte, daß sie offen bleibt!« – »Ich möchte aber, daß sie geschlossen wird!« – »Tut mir leid, ich möchte, daß sie offen ist!« – »Laß sie geschlossen!« – »Nein, ich mach' sie jetzt auf!« Wir vergessen häufig, daß es im Grunde genommen gar nicht darum geht, ob die Tür offen oder geschlossen ist, ob die Kinder dies oder jenes essen. Das wirkliche Problem ist unsere Trennung von anderen, daß wir uns als getrennte Identitäten definieren, um uns ein falsches Sicherheitsgefühl zu verschaffen, eine falsche Identität.

In der Zen-Praxis dreht sich alles um die Frage, wie wir uns von dieser falschen Identität befreien können. Viele von uns haben bereits eine jahrelange Therapie hinter sich, die ihnen dabei helfen sollte, ein unzweifelhaftes, festgegründetes Selbst-Gefühl zu entwickeln. Wie sollen wir denn ohne Identität leben? Frei! Ungestört! Wie Wasser. Das Wasser kennt drei Aggregatzustände. Wenn wir Wasser erhitzen, verwandelt es sich in Gas. Das ist wie bei unserer wahren Natur. In ihrer eigentlichen Essenz ist unsere Natur wie ein Gas, wie klarer Raum, ohne Grenzen, frei. Dann kühlt das Wasser ab und kondensiert, wird flüssig. Jetzt können wir es sehen und berühren, aber noch immer kann es frei in alle Richtungen fließen. Lassen wir es dann gefrieren, hört dieser freie Fluß auf, es gerinnt zu einem Eisblock.

Ratet einmal, welchen Zustand wir vorziehen? Eine festbegründete Identität, klar definierte Grenzen – wie ein Eisblock. Wir wissen, wo wir aufhören, wir wissen, wo wir anfangen. Wir sind ein klar begrenztes Objekt. Aber als Wasser oder Gas haben wir keine eindeutig definierte Grenze. Als Eisblock befürchten wir am meisten, wir könnten unsere Identität verlieren. Und trotzdem werden wir ständig zerbröckelt und verletzt und zerbrochen. Ich habe einmal gehört, wie jemand sagte: »Wir haben uns wie zwei Eisblöcke geliebt.« Genauso ist es. Hier stehen wir und versuchen, eine Beziehung wie zwei Eisblöcke aufzunehmen, und alles, was wir zustande bringen, ist, daß wir plump zusammenstoßen, und das alles, weil wir soviel Angst davor haben, zu schmelzen und unsere falsche Identität zu verlieren.

Was ist eine Partnerschaft? Eins zu werden, zu verschmelzen, zu unserer wahren Natur. Aber gerade gegen diesen Verlust unserer Identität und das Verschmelzen mit einem anderen Menschen bauen wir die stärksten Widerstände auf. Wir verbringen unsere ganze Zeit damit, diese Identität zu bewachen und zu beschützen. Wovor fürchten wir uns? Davor, daß jemand uns benutzen, uns mißbrauchen, uns übervorteilen könnte? Gott verhüte, daß jemand uns übervorteilen könnte! Noch einmal: Worum geht es in unserer *Praxis?* Dieses Leben zu opfern. Und an wen? An alles, an den Dharma. Gebt euer Leben hin. Das ist ein wirkliches Opfer. Wir bringen Weihrauch dar, und wofür steht dieser Weihrauch? Für unser Leben. Wir verbeugen uns und bieten in diesem Akt unser ganzes Leben als Opfer. Was ist der Buddha-Dharma, das Ganze? Jeder einzelne. Alles. Also bietet euer Leben jedem einzelnen Menschen und allen Wesen und Dingen dar. »Aber«, so sagen wir, »vielleicht werde ich ausgenutzt.« Wenn ihr euer Leben darbietet, müßt ihr dies rückhaltlos tun, ohne Vorbehalte. Es handelt sich nicht um ein echtes Opfer, wenn ihr Vorbehalte macht und erklärt: »Ich opfere mich nur, wenn du mich nicht übervorteilst.« Gebt euch einfach hin!

Was ist wahres Geben oder *Dāna-Pāramitā?* Daß wir uns vollständig und rückhaltlos hingeben; und das ist am schwierigsten überhaupt. Es ist einfach, Geld zu geben, nichts einfacher als das – das kostet euch in Wahrheit gar nichts. Aber das eigene Leben hinzugeben, das eigene Leben aufzugeben, das ist wahres Geben! *Dāna-Pāramitā* bedeutet, dein Leben zu opfern, diesen Körper und diesen Geist dahingeben. An wen? An jeden, der ihn verwenden will. Dann gehören Körper und Geist nicht länger euch selbst. Ihr verliert eure Identität. Ihr wißt buchstäblich nicht mehr, wer ihr seid. Ihr habt zwar noch einen Namen, aber selbst der ist nicht mehr euer Name. Dann ist euer Leben das Leben des Buddha-Dharma; euer Körper ist der Buddha-Körper. Dann erst gelangt euer Leben zur Wirklichkeit, aber es gehört nicht mehr euch! Ihr könnt es unmöglich besitzen, und jedesmal, wenn ihr das versucht, fühlt ihr euch schrecklich, weil ihr das Fließen der natürlichen Ordnung stört. Ihr verstoßt gegen das Grundgesetz, das da lautet: »Folge dem Wesen der Dinge, und du wirst frei und ungestört wandeln.« Folgt daher eurem Wahren-Wesen, das Nicht-Natur ist, Nicht-Wesen, kein festgelegtes Selbst.

Wir haben Angst davor, unsere individuelle Identität zu verlieren, aber je mehr wir uns diesem Verlust widersetzen, um so mehr haben wir zu leiden. Die Gleichung ist ganz einfach: Widerstand erzeugt Beharren. Je mehr wir widerstehen, um so mehr beharren wir. Laßt also los! Benehmt euch nicht wie ein Affe. Habt ihr gehört, wie in Indien Affen gefangen werden? Zunächst nimmt man eine Kokosnuß und höhlt sie aus. Dann befestigt man sie mit der Öffnung nach unten am Boden, schneidet ein kleines Loch oben in die Schale und legt etwas Süßes hinein. Nun kommt der Affe vorbei, steckt seine Hand durch das Loch und ergreift den Leckerbissen. Dann versucht er, seine Hand wieder herauszuziehen, was er aber nicht kann, ohne seine »Beute« loszulassen. Seine Hand ist gefangen, und der Affe würde lieber sein Leben verlieren als loszulassen. Natürlich weiß der Affe nicht, daß er sein Leben verlieren wird. Genau wie wir hält er lediglich an dem fest, was er begehrt. Er landet nur deshalb in Gestalt einer kräftigen Affenhirnsuppe auf dem Teller irgendeines Menschen, weil er nicht bereit ist loszulassen. Genauso starr halten wir an unserer Identität fest und erschaffen alle Arten von Leiden und Konflikten. Laßt los! Öffnet einfach eure Hand, und ihr werdet vom Dharma erfüllt sein.

Wo der Gedanke in Fesseln liegt, ist die Wahrheit verborgen, denn alles ist dunkel und unklar.

Unser Geist ist nicht frei, wenn wir uns an Gedanken und Gefühle klammern, statt sie von selbst kommen und gehen zu lassen. Jagt ihnen nicht hinterher! Ihr könnt sie einfach beobachten. Laßt sie kommen und gehen. Solange ihr euch nicht an ihnen festklammert, ist es in Ordnung, wenn ihr viele Gedanken und Vorstellungen habt. Dagegen ist nichts einzuwenden; vielleicht ist es um so besser, je mehr Gedanken aufsteigen. Aber verrennt euch nicht in eine einseitige Perspektive wie etwa: Meine Ideen sind richtig, seine Ideen sind falsch. Meine Ideen sind gut, seine Ideen sind schlecht.

Ein Aspekt der Kōan-Schulung besteht darin, daß wir lernen, aus unseren eigenen Schuhen herauszutreten und einen anderen Standpunkt einzunehmen, uns umzudrehen und die Schuhe des anderen anzuziehen und die Dinge neu anzusehen. Vergeßt euch selbst. Werdet zu der scheißenden Kuh oder zur Eiche dort oder zu einem Grashalm. Aber das wird euch nicht gelingen, solange ihr euch an eurer Selbstbild klammert, an eure körperliche Erscheinung und eure Grenzen. Laßt also eure Identität, euer Selbst-Bewußtsein los. Dann könnt ihr ungestört und unbehindert alles und jedes sein.

Alles ist dunkel und unklar, wenn die Wahrheit verborgen ist. Aber was ist diese Wahrheit? Es gibt nur eine Wahrheit. Nennt sie Gott, wenn ihr es möchtet. Aber was ist Gott? Wie John Lennon gesagt hat, ist »Gott« nur ein Wort, ein Begriff. Alles, was wir als Es bezeichnen, ist Es nicht! Deshalb vergeßt alle Begriffe und Definitionen. Es gibt nur das Eine – das wir Wahrheit nennen, Wirklichkeit, Gott, Buddha, Buddha-Natur, Wahres Wesen, *Mu*.

Und was ist dieses Eine? Es ist euer Leben: nur *Ein Geist*. Und was ist dieser *Eine Geist? Dies!* Eben dieses Selbst. Aber was ist dieses Selbst, das *Ich* ist? Undefinierbar, unerkennbar, unerreichbar: endlose Weite, unendlicher Raum. Das ist euer Leben – ohne Anfang, ohne Geburt, deshalb auch ohne Ende, ohne Tod. Dieses ungeborene Sein tritt jeden Augenblick ins Dasein, mehr als vierundsechzigtausendmal in der

Sekunde. Damit es in jedem Augenblick neu geboren werden kann, muß es zugleich in jedem Augenblick sterben. Und das genau ist das Leben: jeden Augenblick geboren werden und jeden Augenblick sterben – schneller, als unsere Sinne es erfassen können. Wenn ihr wirklich hinschaut, dann ist das Leben wie ein Film in Zeitlupe – jedes Einzelbild ein einzelner, vollkommener Augenblick. Bei Normalgeschwindigkeit abgespielt, erweckt der Film den Eindruck einer Bewegungsabfolge, so daß wir glauben, die Dinge würden sich wirklich in unserem Leben ereignen.

Intellektuell werden wir nie begreifen, daß das Leben auf der einen Seite nie geboren wird und nie stirbt und auf der anderen Seite in jedem Augenblick neu geboren wird und stirbt. Das ist genauso paradox wie der Umstand, daß Lichtstrahlen sowohl Wellen als auch Teilchen sind, oder wie meine Theorie, derzufolge sich das Universum zugleich ausdehnt und zusammenzieht. Wissenschaftler debattieren immer wieder darüber, ob sich das Universum ausdehnt oder zusammenzieht. Nehmen wir einmal an, daß es sowohl expandiert als auch kontrahiert – wie etwas, das in einem schwarzen Loch verschwindet. Wenn man von einem schwarzen Loch aufgesogen wird, kontrahiert oder expandiert man dann? Oder wird man gleichzeitig eingesogen oder ausgestoßen? Unsere wahre Natur ist wie ein schwarzes Loch. Wenn wir uns wirklich leer machen, wird jeder, der uns nahekommt, von unserem offenen Nichts aufgesogen. Werdet zu einem lebendigen Sog, einem großen Vakuum.

Die Last des Urteilens
bringt Verdruß und Erschöpfung.

Ist es nicht so? Ist es nicht wirklich ermüdend und erschöpfend, immer nur dazusitzen und sich selbst und andere zu beurteilen? »Ich tauge wirklich nichts, immer verbocke ich alles. Mein *Sitzen* ist nicht gut. Ich schlafe ständig ein. Ich habe zu viele Gedanken. Ich mache es nicht gut genug. Ich gebe mir nicht genug Mühe.« Das einzige, was uns von Buddha unterscheidet, ist, daß der Buddha nie herumnörgelt. Wenn Gedanken da sind, sind Gedanken da. Wenn keine Gedanken da sind, sind keine Gedanken da. Wenn sich ein Urteil einstellt, stellt sich ein Urteil ein. Wenn sich kein Urteil einstellt, stellt sich kein Urteil ein. Warum auch noch den Richter richten? Warum sollen wir uns selbst unentwegt verurteilen? Gestattet euch, einfach so zu sein, wie ihr seid! Laßt die wahre Natur so sein, wie sie ist, dann zieht alles ganz natürlich vorüber.

Was ist also zu tun, wenn ihr *sitzt?* Nichts als *sitzen*. Hört auf zu versuchen, euer *Zazen* zu verändern, zu korrigieren, zu verbessern. Manchmal ist es phantastisch, manchmal nicht. Großartiges *Sitzen* ist großartiges *Sitzen,* schlechtes *Sitzen* ist ebenfalls großartiges *Sitzen*. *Sitzt* einfach. Ständig uns selbst zu beurteilen ist sehr ermüdend. Und was ist mit unseren Urteilen über die anderen? Niemand wird nach unseren Maßstäben leben, und das ist auch ganz egal, denn jeder ist o.k., genauso wie er ist, völlig in Ordnung.

Wir maßen uns an zu sagen: »Oh, du brauchst psychologische Hilfe! Geh lieber zum Psychiater.« Aber wenn jemand das gleiche zu uns sagt, dann lautet unsere Reaktion: »Oh! Worüber sprichst du überhaupt?« Die amerikanischen Ureinwohner hatten eine durchaus positive Einstellung gegenüber verrückten Leuten. Denn sie glaubten, wenn jemand verrückt war, sei er von Geistern besessen, die durch ihn hindurch handeln. Kinder und Psychotiker, Erleuchtete und Trinker sind unberechenbar. Darin besteht ihre Weisheit. Und wen können wir nicht ausstehen? Vor wem haben wir Angst? Vor Trinkern, Erleuchteten, Psychotikern und kleinen Kindern! Natürlich denkt ihr jetzt: »Wir haben doch nicht *wirklich* Angst vor kleinen Kindern!« – aber was stellen wir denn mit ihnen an? Wir schließen sie in ihr Zimmer ein. Wenn sie wild herumtoben, was sagen wir dann gleich? »Geh in dein Zimmer! Mach die Tür zu! Geh zur Schule! Ich kann dich nicht mehr ertragen. Wenigstens für drei Stunden möchte ich meine Ruhe haben.«

Es ist schwer, mit einem unberechenbaren, einem wirklich freien Menschen zusammenzusein, etwa mit Maezumi Rōshi. Man weiß nie, was er als nächstes tun wird. Gerade noch ist er freundlich und mitfühlend, und schon im nächsten Augenblick reißt er dir beinahe den Kopf ab! Als wir dem Trungpa Rinpoche's Dharma Zentrum in London kurz nach Trungpas Tod einen Besuch abstatteten, wurde Rōshi um eine Dharma-Darlegung gebeten. Trungpa hatte zeitlebens immer wieder nachdrücklich betont, daß der Buddhismus eine atheistische Religion ist. Rōshi hielt jetzt vor Trungpa Rinpoches Schülern am 49. Tag nach dessen Tod einen exzellenten Vortrag über Nietzsche und erklärte, daß es definitiv einen Gott gibt, daß er – der Rōshi – an Gott glaube, daß Nietzsche mit seiner Behauptung »Gott ist tot« baren Unsinn erzählt habe, und daß es Gott hervorragend gehe, daß jedoch in Nietzsche etwas gestorben war.

Kurz darauf hielt der Rōshi in Frankreich einen Vortrag, und ein sehr frommer Katholik fragte ihn nach Gott. Der Rōshi erwiderte nur: »Es gibt keinen Gott! Ich glaube nicht an Gott!« Zwei Schüler, die gemeinsam mit mir den Veranstaltungen beigewohnt hatten, waren schockiert. Einer von ihnen fragte: »Was soll das heißen: ›Kein Gott‹? – Noch vor ein paar Tagen haben Sie erklärt, daß Sie an Gott glauben!« Rōshi lachte nur. Er ist völlig frei und unberechenbar, er kennt keine Fixierungen und haftet an nichts an. Gott, kein Gott: alles nur Begriffe.

Laßt euch nicht von dualistischen Unterscheidungen wie »erleuchtet« oder »verblendet«, »gut« oder »schlecht« in die Irre führen. Geht weit über sie hinaus! Heute sagt jemand zu euch: »Oh, du bist so gut, so wunderbar!«, und ihr blast euch auf. Dann, am nächsten Tag, heißt es: »Oh, du bist so ein furchtbarer Mensch!«, und ihr fühlt euch hundeelend. Aber welchen Unterschied macht es schon, was jemand über uns sagt? Alles nur Etiketten! Ihr seid, was ihr seid. Dem Baum ist es egal, wie wir ihn nennen, ob wir ihn als erleuchteten oder verblendeten Baum bezeichnen. Ein Baum ist ein Baum.

Warum können wir nicht so sein? Sein, wie wir sind – undefinierbar und ohne Etiketten wie »gut« und »schlecht«, »erleuchtet« oder »nicht erleuchtet«, »Buddha« oder »Lebewesen«. Alles Mist! Seid frei!

Welcher Nutzen läßt sich ableiten
aus Unterscheidungen und Trennungen?

Immer diese Unterscheidungen wie »ich und du«, »gut und schlecht«, »richtig und falsch«, »Leben und Tod«. Warum kümmern wir uns um Leben oder Tod? Wenn wir leben, leben wir. Wenn wir tot sind, sind wir tot. Weshalb befassen wir uns nicht lieber mit diesem Augenblick? Es gibt kein Morgen. Es gibt kein Gestern. Es gibt nicht einmal ein Heute, nur ebendiesen Augenblick.

Ihr seid nichts, und wenn ihr euer Vertrauen wahrhaftig in dieses Nichts setzt, dann könnt ihr nicht enttäuscht werden. Wenn ihr euer Vertrauen in etwas setzt, dann werdet ihr davon abhängig, und wenn ihr es dann verliert, fallt ihr auf die Nase. Also habt tiefes Vertrauen in euer Wahres Wesen, in euer undefinierbares Nicht-Selbst – und seid wirklich frei.

8. Verfolge keine Ziele

Willst du den *Einen Weg* erfahren,
so verachte gerade die Welt der Sinne und Vorstellungen
  nicht.
Wirklich, sie vollkommen zu bejahen
kommt wahrer Erleuchtung gleich.
Der Weise verfolgt keine Ziele,
der Narr hingegen fesselt sich selbst.
Es gibt einen Dharma, nicht viele;
Unterscheidungen entstehen durch das Bedürfnis
  der Unwissenden, sich auszuklammern.
Den *Einen Geist* mit dem unterscheidenden Geist zu suchen
ist der größte Fehler von allen.

Willst du den Einen Weg *erfahren,*
so verachte gerade die Welt der Sinne und Vorstellungen nicht.

Alles, was wir nicht mögen, alles, was wir zu unterdrücken
versuchen, wird zum Hindernis für unsere *Praxis* werden. Wir
haben die Vorstellung, daß gewisse Dinge gut und andere
schlecht sind. Wenn wir uns beispielsweise mit dem Buddhismus beschäftigten, könnten wir die Vorstellung bekommen,
daß es schlecht sei, den Sinnen verhaftet zu sein, und gut, ihnen nicht verhaftet zu sein. Wenn dann in uns bestimmte Gefühle, Gedanken, anziehende Bilder aufsteigen, werfen wir
uns Anhaften vor und fühlen uns schuldig. Lassen uns besag-
te Sinnesobjekte hingegen kalt, dann fühlen wir uns gut und
positiv. Dann bilden wir uns ein, wir könnten ein reines,
unbeflecktes Leben führen.
Aber das sind bereits irrige Ansichten, die aus unserem dualistischen unterscheidenden Bewußtsein herrühren: Dies ist
schlecht, das ist gut; dies ist falsch, das ist richtig. Aber wie

können wir in der Welt der Sinne leben, ohne solche Unterscheidungen zu treffen, und doch mit dem WEG eins sein? Die Antwort ist natürlich einfach, aber das heißt nicht, daß es einfach zu machen wäre: Trennt den unterscheidenden Geist ab. Wenn ihr diesen dualistischen Geist abtrennt, all eure Aversionen und Vorlieben, dann werdet ihr eins mit eurem Leben, eins mit dem WEG.

Bezieht deshalb, sobald Anhaften aufsteigt, keine Stellung dafür oder dagegen. Registriert es einfach, seid einfach aufmerksam. Das ist das Schlüsselwort: aufmerksam. Wir nennen diesen Zustand *Anuttara-Samyaksambodhi* oder höchste, unübertreffliche Bewußtheit: Was immer ihr zu tun habt, tut es einfach. Was immer im Augenblick angemessen ist, seid eins damit. Wenn wir einfach bewußt und aufmerksam sind, dann haben wir diese Möglichkeit. Wenn wir nicht bewußt sind, dann werden wir von all unseren Wünschen und Fixierungen herumkommandiert. Wir sind uns dann nicht einmal bewußt, was überhaupt geschieht.

Wie werden wir bewußt? Zazen. Wenn wir *sitzen* und einfach akzeptieren, was hochkommt, dann ist das *Anuttara-Samyaksambodhi*. Laßt einfach alles, was in euch aufsteigt, hochkommen, und laßt es vorüberziehen, ohne daran festzuhalten. Seid wie der weite, leere Himmel. Oder wie es Yasutani Rōshi oft ausdrückte: Seid wie ein sauberes, weißes Blatt Papier. Was immer auf diesem Blatt Papier geschrieben steht, ist weder gut noch schlecht, aber normalerweise bewerten wir es. Was auch immer hochkommt, wir urteilen immer: »Das sind schlechte, böse Gedanken; ich sollte nur positive Gedanken haben.«

Sobald wir so denken, verfallen wir natürlich unserem unterscheidenden Geist, und dann bekommen wir Probleme. Wir fangen an, Dinge zu unterdrücken und zu verdrängen. Wir beginnen, bestimmte Gedanken zu selektieren, und suchen nur nach guten Gedanken. Dann werden wir zu unserem eigenen schlimmsten Feind. Welche Gedanken auch immer aufsteigen, akzeptiert sie vollkommen, selbst Vorstellungen sinnlicher Begierde. Wenn eine schöne Frau oder ein attraktiven Mann euch sexuell anziehen, akzeptiert es einfach, unterdrückt es nicht. Durch diese völlige Annahme vermeidet ihr es, zum Opfer zu werden. Ihr seid der Chef, der Meister. Aber sobald ihr versucht, bestimmte Gefühle und Vorstellungen zu unterdrücken, weil ihr sie ablehnt, werdet ihr zum Opfer eurer verdrängten Wünsche. Dann habt ihr das Gefühl, daß euch eure Sinne und Verhaftungen umtreiben und ihr euch nicht mehr beherrschen könnt.

Wenn wir das Gefühl haben, wir hätten die Selbstbeherrschung verloren, versuchen wir, sie zurückzugewinnen. Aber das funktioniert nicht. Was tun wir als nächstes? Wir versuchen, andere zu beherrschen. Wenn wir ohnehin eine Machtposition einnehmen, dann beherrschen wir einfach jeden, und das wird auch akzeptiert, weil man uns für verantwortlich hält. Aber wenn wir keine politische Macht besitzen, fangen wir vielleicht an, unsere Kinder, unseren Ehepartner, unseren Hund, unsere Freunde zu beherrschen, einfach jeden, den wir für schwächer halten als uns selbst. An diesem Punkt kann Herrschaft zu einem wirklichen Problem werden; wir werden zu kleinen Diktatoren.

Das alles entsteht, wenn wir nicht mögen, was in uns an Gedanken und Gefühlen aufsteigt – wenn wir bestimmten Vorstellungen darüber anhaften, was gut ist, wenn wir uns an unsere eigenen Ansichten und Meinungen klammern. Wir begreifen nicht, daß das nur unsere eigenen Vorstellungen sind, wir setzen sie einfach als gegeben voraus. Wir denken immer, daß unsere Vorstellungen und Ideen richtig und die aller anderen falsch sind. Teilen sie unsere Ansichten, dann sagen wir natürlich, daß sie durchblicken, daß sie es kapieren.

Wenn wir beispielsweise glauben, daß Atombomben und die Atomkraft schlecht sind, dann müssen diejenigen, die diesen Standpunkt teilen, kluge Leute sein, und diejenigen, die anderer Meinung sind, sind dumm. In Maine hatten wir eine Abstimmung darüber, ob ein bestimmtes Atomkraftwerk in Betrieb bleiben oder abgeschaltet werden sollte. Rund sechzig

Prozent der Stimmberechtigten entschieden sich für das Atomkraftwerk. Berechtigt uns das zu sagen, daß diese Leute beschränkt und allein die übrigen vierzig Prozent urteilsfähig sind? Aber so denken wir, während diejenigen, die für Atomkraft sind, fühlen, daß wir gegen sie sind: Die verstehen unsere Zwangslage nicht. Sie sehen offenbar nicht die wirtschaftlichen Probleme, die eine Ablehnung der Anlage zur Folge gehabt hätte. Wir brauchen billige Energie, um unseren Lebensunterhalt zu verdienen.

In unserer *Praxis* müssen wir lernen, uns nicht in eine bestimmte Position zu verbohren. Sobald wir nämlich festsitzen, verlieren wir unsere Objektivität und unsere Wirksamkeit. Wir werden hilflos, nutzlos. Schaut euch den chaotischen Zustand der Welt an; und das kommt nur von dieser Verbohrtheit. Wenn alle Menschen auf diesem Planeten die Dinge objektiv aus den verschiedensten Perspektiven betrachten könnten, gäbe es keinen Grund, Kriege zu führen. Es gäbe auch keinen Grund, für oder gegen eine Gruppe zu sein. Wir könnten in Harmonie und Frieden leben.

Es mag manchmal erscheinen, als ob sich die äußerlichen Dinge veränderten, aber innerlich haben wir immer noch keinen Frieden, keine Harmonie; in uns ist noch immer Krieg. So möchten wir beispielsweise möglichst viel essen und uns bis obenhin abfüllen, aber dann konfrontieren wir uns mit Gedanken wie: »Oh nein, das sollte ich besser nicht tun.« Und der Konflikt beginnt. Oder wir möchten etwas oder jemanden besitzen, und sogleich sagt eine innere Stimme: »Aber das darfst du doch nicht«, und wir befinden uns im Krieg. Wie können wir Frieden in die Welt bringen, wenn in unserem Geist ständig Kämpfe stattfinden. Wenn wir schon in unserem Kopf ständig Schlachten gegen uns selbst schlagen, wie sollen wir da den Frieden in der Welt verwirklichen?

Unsere *Praxis* dreht sich darum, wie wir jenseits von Für und Wider gelangen können, jenseits von Vorlieben und Abneigungen. Aber wie können wir wirklich die Widersprüche, die unser Geist hervorbringt, transzendieren? Die Antwort lautet natürlich: Praktiziert *Zazen*. Was ist wahres *Zazen?* Das Anhaften an Körper und Geist loslassen. Welchen Geist? Den unterscheidenden, dualistischen Geist: Laß ihn los! Warum halten wir so verzweifelt daran fest? Weil uns das ein Gefühl von Identität vermittelt. »Ich mag dies, und ich hasse das« und »Ich bin für dies und gegen jenes«: Auf diese Weise weiß ich wenigstens, wer ich bin.

»Ich bin Demokrat.« – »Ich bin Sozialist.« – »Ich bin Republikaner.« – »Ich bin Künstler.« – »Ich bin Denker.« – »Ich bin Sportler.« – »Ich bin sensibel und durchsetzungsfähig, ein Macho, aber verletzlich – gut, sauber, rein.« Und wer sind wir ohne diese Etikettierungen? Wenn ihr wirklich alle Für und Wider losläßt, wer seid ihr dann? Laßt all eure Vorlieben und Abneigungen fallen, alle Karriere- und Machtphantasien, wer bleibt dann übrig? »Guter Gott, ich weiß es nicht ... Ich bin niemand, ich bin ein Nichts.«

Ja, so empfinden wir, aber es ist nicht wahr. Wenn wir wirklich loslassen, werden wir zu allem und jedem. Dann identifizieren wir uns mit allen Dingen: der Blume, der Eiche, dem Morgenstern.

> Wirklich, sie vollkommen zu bejahen,
> kommt wahrer Erleuchtung gleich.

Unseren Empfindungen anzuhaften, ist *Samsāra,* der Kreislauf des Leidens. Hier erklärt der Dritte Patriarch nun, daß Samsāra mit Erleuchtung identisch ist. Was für ein Unsinn! Wie kann die Welt des Samsāra, die Welt des Leidens mit wahrer Erleuchtung identisch sein?

Ich sitze lange Stunden auf meinem Kissen und suche Erleuchtung, um mich vom Leiden zu befreien. Buddha hat gesagt, Leben ist Leiden und daß die Ursache des Leidens Anhaftung ist und daß der Weg, der aus diesen Leiden herausführt, der *Achtfache Pfad* ist. Der erste Schritt auf diesem Pfad ist rechtes Verstehen, das heißt zu begreifen, daß unser auf dem Kopf stehendes, verdrehtes Verständnis der Wirklichkeit, das uns selbst von der übrigen Welt trennt, die Ursache unseres Anhaftens ist. Und was ist der WEG jenseits des Leidens? Unser dualistischer Geist bildet sich ein, daß vom Leiden frei sein bedeutet, das Leiden loszuwerden. Nein. Wir können niemals etwas loswerden. Sobald wir meinen, wir seien etwas losgeworden, taucht es wieder auf, und wir stellen fest, daß es noch immer da ist.

Als ich 1972 im Zen-Zentrum in Los Angeles anfing, Zen zu üben, glaubte ich, daß ich nie mehr von sexueller Begierde beherrscht werden könnte. Sobald ich das beschlossen hatte – ratet mal, was da geschah? An einem Wochenende wurde ich von meinem sexuellen Verlangen so vollständig beherrscht, daß ich die gut hundertfünfzig Kilometer lange Strecke nach Santa Barbara, das nördlich von Los Angeles liegt, fuhr, nur um dort eine alte Freundin aufzusuchen. Als ich feststellte, daß sie inzwischen glücklich verheiratet war, kehrte ich um und fuhr in das fast zweihundertfünfzig Kilometer weiter südlich gelegene Orange County, um dort eine andere alte Freundin zu besuchen!

Sobald wir glauben, wir seien etwas losgeworden, erweist sich genau das als der Drache, der neuerlich sein Haupt erhebt und Feuer spuckt. Wir können nichts loswerden, alles, was wir tun können, ist, es einzubeziehen, anzunehmen und uns damit anzufreunden. Nehmt sogar euer Leiden an. Wenn ihr *sitzt* und Schmerzen in den Beinen, im Rükken und im Kopf habt, akzeptiert es – erfreut euch vielleicht sogar daran. Wie können wir uns an Schmerzen erfreuen? Wir müßten ja Masochisten sein. Und dennoch können wir erfahren, daß der Schmerz unser intimster Freund ist.

Erinnert euch an Buddhas erste Lehre: Leben ist Leiden. Leben ist identisch mit Leiden, und Leiden ist identisch mit Leben. Wenn ihr nichts zu leiden hättet, würdet ihr auch kein Leben haben. Wenn es kein Leiden gibt, seid ihr tot. Denkt einmal darüber nach: Je mehr ihr euch einem leidensfreien Zustand nähert, um so gefühlloser seid ihr. Wenn ihr gänzlich gefühllos seid, seid ihr tot. In diesem Zustand könnt ihr nichts mehr empfinden – nicht einmal Freude. Seid dankbar, daß ihr etwas empfinden könnt. Natürlich sind manche dieser Empfindungen unangenehm. Deshalb sind wir ja auch so den angenehmen verhaftet. Wir suchen die angenehmen und versuchen, die unangenehmen zu meiden, und das wird zu unserem Hauptproblem.

Eines Tages habe ich überlegt, warum ich eigentlich die Dinge tue, die ich tue. Wenn ich irgendwo allein sitze, warum stehe ich auf? Wenn ich still dastehe, weshalb fange ich an, mich zu bewegen? Deshalb beschloß ich, ein Experiment anzustellen: Still dazustehen, bis ich verstand, warum ich mich bewegen wollte. Vierzig Minuten später merkte ich: Es war sehr unbequem. Versucht es. Setzt euch zwei oder drei Stunden irgendwo hin und achtet darauf, warum ihr euch schließlich bewegt.

Dann begriff ich, daß mein ganzes Leben auf diese Weise funktioniert. Nur, daß dieser Prozeß häufig viel subtiler verläuft und daß ich ihn bisweilen gar nicht bemerke. Deshalb habe ich meine ganze Aufmerksamkeit zusammengenommen und mich in jedem Augenblick beobachtet: »Also gut, was veranlaßt mich jetzt, mich zu bewegen?« Ich bemerkte, wie ich auf Bequemlichkeit aus war und Schmerz zu vermeiden suchte. Und genau das tun wir die ganze Zeit. Da *sitzen* wir und verändern ständig unsere Haltung und bemühen uns, es ein wenig bequemer zu haben. Manche von uns sind noch subtiler: Sie korrigieren nicht nur ihre Körperhaltung, sondern manipulieren sogar ihren Kopf: »Wenn ich einfach meinen Geist etwas besser einstellen kann, wird alles angenehm.«

Was aber geschieht, wenn wir wirklich alles akzeptieren, alles einfach sein lassen? Dann herrscht Chaos. Phantastisch! Ich liebe das Chaos. Verwirrung? Ich liebe Verwirrung. Seit ich begriffen habe, wie sehr ich Chaos und Verwirrung mag, bin ich nicht mehr in der Lage, richtig verwirrt zu sein. Ich suche beständig danach, ja, ich bete geradezu darum: »Lieber Gott, gib mir wenigstens ein bißchen Chaos!« Und inzwischen ist es tatsächlich so gekommen: Selbst wenn ich ein Förderer des Chaos und der Verwirrung sein möchte, so gelingt mir das nicht mehr.

Versucht das gleiche mit Überlastungen. Wenn ihr überlastet seid oder ausgebeutet werdet, ladet die Überlastung und Ausbeutung ein. Fordert jeden auf, euch auszubeuten. Das bedeutet, ein Bodhisattva zu sein. Der Bodhisattva fordert jeden auf: »Komm, beute mich aus! Benutze mich als Fußabtreter vor deiner Eingangstür. Putz dir die Füße an mir ab.« Ist das nicht ein unangenehmer Gedanke – die Vorstellung, ein Abstreifer zu sein und daß jeder, der durch die Tür geht, auf dich drauftritt und sich die Füße an dir abputzt, sich an dir reinigt?

Als ein Meister einmal gefragt wurde: »Was ist Buddha?« erwiderte er: »Ein Scheißestab«, das heißt eine andere Art von Fußmatte. In früheren Zeiten verwendeten die Leute statt Toilettenpapier einen Stock. Der Meister sagte also, daß der Buddha etwas ist, womit man sich den Hintern abwischt. Werdet so, und ihr seid Buddha. Das ist es, wonach ihr wirklich sucht, nicht nach einem Kerl, der wie eine reine Lotusblume mit einem Heiligenschein dasitzt. Da der Scheißestab der wahre Buddha ist, solltet ihr, wenn ihr wirklich etwas erstrebt, danach streben, ein Scheißestab, ein Fußabtreter zu sein. Welcher Idiot macht denn so was? Ein Bodhisattva. Der Bodhisattva sagt: »Hier bin ich, benutze mich, um dir den Hintern abzuwischen.«

Wir versuchen, unseren Schmerzen und Leiden zu entkommen, erleuchtet zu sein, klar zu sein, ein Buddha zu sein. Ein Bodhisattva ist jemand, der bereits erkannt hat, daß er Buddha ist, und indem er ein Buddha wird, begreift er, daß alles und jeder ein Buddha ist. Deshalb hat er ein natürliches Mitempfinden für all die zahllosen Wesen, die Buddhas sind, es selbst jedoch nicht erkennen. Was nützt ihnen ihre Buddhaschaft, wenn sie es selbst nicht erkennen? In seinem Mitgefühl erklärt der Bodhisattva: »Lieber als in Freude, in Heiterkeit, in gänzlicher Freiheit zu verweilen, gebe ich dies alles auf, um ein Scheißestab, ein Fußabtreter, ein Diener der anderen zu werden. Ich will verblendet bleiben, um alle Lebewesen zu erretten.«

Könnt ihr dieses Gelöbnis ablegen? Könnt ihr geloben, verblendet zu sein, um alle Lebewesen zu retten, bevor ihr selbst die endgültige und vollständige Befreiung erlangt? Was ist denn daran so schwierig? Ihr seid bereits verblendet. Warum das nicht einfach akzeptieren und verblendet sein? Das ist doch viel leichter, weil ihr dann nach nichts mehr zu suchen braucht. Ihr braucht dann nicht etwas werden zu wollen, was ihr nicht seid. Ihr könnt einfach eins sein mit eurem wahren Selbst. Aber was ist das, euer wahres Selbst? Meines ist verblendet, voller Verhaftungen und Wünsche. Und wie ist es diesbezüglich um euch bestellt?

Aber Augenblick mal, das wird doch unser Ego-Selbst genannt. Unser wahres Selbst sollte doch von alledem frei sein. Gibt es ein wahres und ein falsches Selbst? Offenbar. Ist es nicht das, wonach wir streben: unser wahres Selbst zu erkennen und uns von unserem falschen Selbst zu befreien? Aber ist das nicht unterscheidender Geist? Die Erleuchtung, den *Einen Geist* mit Hilfe des unterscheidenden Geistes zu suchen – tun wir nicht gerade das, um zur Erleuchtung zu gelangen? Und er sagt, daß das alles Unsinn sei! Bedeutet das nicht, daß wir völlig blöde sind? Das sind wir wirklich. Also können wir uns doch gleich völlig blöde verhalten! Und was dann? Was mache ich dann? Warum bin ich hier? Was gibt es für mich zu tun, als einfach zu *sitzen*? Aber ohne ein Ziel?

> Der Weise verfolgt keine Ziele,
> der Narr hingegen fesselt sich selbst.

Fesselt sich womit? Durch das Ziel, erleuchtet zu werden, vom Leiden frei zu sein. Der Weise hat keine Ziele, verfolgt keine Ziele, hat das Ziel des Nicht-Ziels. Und wie heißt das? *Shikantaza.* Nur *sitzen,* ohne nach irgend etwas zu suchen – ohne Ziel oder Zweck. Dann sitzen wir einfach inmitten der

Verblendung und sind rückhaltlos und vollständig eins mit unserer Verblendung. So gelangen wir jenseits von Erleuchtung und Verblendung.

Von allem Anfang an bin ich nie gefesselt, nie durch etwas gebunden gewesen. Ich bin immer so frei gewesen wie die Wolken am Himmel, ich habe es nur einfach nicht erkannt. Ich dachte, ich müßte irgendwo hingelangen, um frei zu sein, etwas erlangen, um frei zu sein, etwas begreifen, um frei zu sein, oder wenigstens etwas loswerden, um frei zu sein, beispielsweise meine Verblendung, meine Vorlieben, meine Verhaftungen. Dann würde ich erleuchtet sein. Nein, dann wäre ich einfach dumm, im dualistischen Denken befangen.

> Es gibt einen Dharma, nicht viele;
> Unterscheidungen entstehen durch das Bedürfnis
> der Unwissenden, sich anzuklammern.

Es gibt nur einen Dharma, eine WAHRHEIT, eine Wirklichkeit. Was ist diese Wirklichkeit? Man kann es verschieden benennen: *Dies hier,* genau *das,* dein Leben, dein Selbst, die Dinge, wie sie sind. Und was machen wir mit den Dingen, wie sie sind? Wir versuchen, sie zu verändern, versuchen, sie anders zu machen, zu verbessern. Wir haben Vorlieben und Abneigungen, Aversionen und Verhaftungen, aber es gibt nur eine WAHRHEIT, einen Dharma. Viele verschiedene Wahrheiten können nicht die absolute WAHRHEIT sein. Das sind nur Wahrheiten in einem relativen Sinn.

Der eine Dharma ist nicht dual, nicht zweifach. Wenn ihr eins mit euch seid, eins mit eurer Umgebung, eins mit dem WEG, eins mit dem Dharma, dann lebt ihr diese WAHRHEIT, dann seid ihr diese WAHRHEIT. Das heißt, nichts auszuschließen, nichts zu vermeiden. Was immer auftaucht, ist euer Karma, konfrontiert euch also damit, seid es, seid eins damit. Wenn ihr niedergeschlagen seid, seid niedergeschlagen. Wenn ihr glücklich seid, seid glücklich. Wenn ihr festgefahren seid, seid festgefahren. Seid vollständig festgefahren!

Wenn ihr verblendet seid, seid verblendet. Wenn ihr weise seid, seid weise.

Nichts von alledem ist von Dauer. Es verändert sich ständig, nicht wahr? In dem einen Augenblick sind wir weise, im nächsten bereits wieder dumm: Das ist der Weg des erleuchteten Menschen. Das ist unser höchstes Ziel in der Zen-Praxis: der große Narr zu sein, der Joker. Der Joker ist ungebärdig. Und welche Macht der Joker besitzt: Er kann alles sein, ein König, ein Zweier, eine Königin, ein Bube. Er ist völlig flexibel, fließend, eines mit der Situation. Er ist wirklich frei, so frei, daß er in der Lage ist, nicht mehr anzuhaften, sogar frei, um verblendet zu sein, unklug zu sein.

Könnt ihr euch vorstellen, wie schmerzlich und anstrengend es wäre, zu versuchen, ständig weise zu sein. Gott sei Dank versucht das keiner von uns. Oder zu versuchen, unentwegt gut und rein zu sein: Sir Lancelot oder Mutter Teresa? Was für eine Last! Ich bin sicher, daß Mutter Teresa nicht gut zu sein versucht. Sie tut, was sie zu tun hat. Das ist das Geheimnis großer Menschen: Sie tun nur, was sie tun müssen.

Wir alle haben eine Funktion: Das Herz hat eine Funktion, die Leber hat eine Funktion, die Gallenblase hat eine Funktion, ihr habt eine Funktion. Das Herz kann nicht die Galle sein, die Galle kann nicht das Herz sein. Wenn die Galle versucht, das Herz zu sein, dann kommt der Körper in Schwierigkeiten. Wenn Genpo versucht, jemand anderer zu sein, oder wenn jemand anderer versucht, Genpo zu sein, dann haben beide ein Problem.

> Den Einen Geist mit dem unterscheidenden Geist zu suchen ist der größte Fehler von allen.

Der unterscheidende Geist ist der, der dies haßt und das liebt, der dies möchte und das nicht möchte, der dies sucht und das flieht. Wie kann der unterscheidende Geist, der aus der Dummheit des Anhaftens entsteht, sich je vom Leiden befreien, von der Verblendung, von Verhaftungen – unabhängig davon, wie sehr er sich auch darum bemüht? Das ganze Problem besteht darin, daß dieser dumme, unwissende Geist nicht begreift, daß er bereits frei ist. Nach Erleuchtung zu streben, während man am unterscheidenden Geist festhält, ist absolut lächerlich!

9. Alle Dualitäten sind wie Träume

Ruhe und Unruhe entstammen der Illusion;
Erleuchtung ist ohne Zuneigung und Abneigung.
Alle Dualitäten entstehen durch Irrtum.
Sie sind wie Träume von Blumen in der Luft:
lächerlich, sie mit Händen greifen zu wollen.
Gewinn und Verlust, richtig und falsch:
Schaffe solche Gedanken mit einem Mal ab.

Ruhe und Unruhe entstammen der Illusion;
Erleuchtung ist ohne Zuneigung und Abneigung.

Es gibt fünf Hauptarten des Anhaftens: erstens den Wunsch nach Ruhe; zweitens Essen und Trinken; drittens Sex; viertens Ruhm und Stellung; und fünftens Gewinn oder Wohlstand. Sobald wir zu *Prajñā* erweckt sind, entfällt unser Anhaften an diese Begierden.

Das funktioniert etwa so: Wenn ihr intensiv *praktiziert,* wie beispielsweise in einem langen Sesshin, dann bekommt ihr nicht viel Schlaf und auch nicht viel zu essen, und es gibt auch nicht viel Ablenkung. Indem ihr euch einfach an den festgesetzten Tagesablauf haltet, lernt ihr, daß ihr auch ohne viel Ruhe, Essen oder Amüsement auskommt. Wenn ihr auf diese Weise lebt, werden mit der Zeit auch eure anderen Verhaftungen wegfallen. Aber ihr müßt euch vollkommen hingeben. Zum Beispiel: Wenn sich nur eine partielle Erschöpfung einstellt und erst ein geringes Maß an Konzentrationskraft aufgebaut ist, dann kehrt das Begehren zurück, sobald ihr mit den Übungen aufhört und wieder genügend Ruhe bekommt. Solange ihr sehr intensiv *praktiziert,* wird das Anhaften an Reichtum oder Geld, so stark es auch sein mag, aufhören. Geld wird euch dann völlig egal sein. Ihr denkt bloß noch:

»Ich möchte nur etwas Gutes zu essen und etwas Schlaf und vielleicht noch ein bißchen Sex!« Und wenn ihr dann immer weiter *praktiziert* und immer müder und hungriger werdet, hört selbst das Anhaften an Ruhm, Ansehen und Stellung auf. Aber eine Zeitlang wirkt es noch fort, und zwar in Gestalt des Verlangens nach einer bestimmten Position oder der Abneigung gegen eine bestimmte Funktion während des Sesshin, etwa indem man lieber der persönliche Assistent des Lehrers als beispielsweise Koch wäre.

Wenn wir dann unsere *Praxis* fortsetzen, fällt auch jenes Anhaften weg, aber die sexuelle Begierde ist noch da: Alle möglichen sexuellen Phantasien, Energien und Wünsche kommen hoch. Aber wenn ihr richtig erschöpft seid, entfällt sogar das. Ihr seid zu müde und zu hungrig, um noch an Sex zu denken. Wenn ihr dann mit eurer *Praxis* intensiv fortfahrt, kommt als nächstes das Essen an die Reihe, ein wichtiges Thema im Kloster wie überall sonst. Selbst wenn das Essen schlecht ist (in manchen Klöstern ist es schrecklich), bleibt immer noch die Frage der Menge. Je schlechter das Essen ist, um so mehr wollen wir davon, weil es uns nicht richtig zufriedenstellt. In einem japanischen Kloster bekommt man manchmal nur ein bißchen weißen Reis und etwas sauer eingelegtes Gemüse. Einige Mönche nehmen drei oder vier Schalen Reis und versuchen – wie hungrige Geister –, verzweifelt ihr Verlangen mit einer Nahrung zu stillen, die nicht befriedigen kann.

Schließlich hört sogar das Verlangen nach dem Essen auf, und alles, was wir noch wollen, ist Ruhe: »Ich möchte nur noch ein Bett zum Schlafen!« Aus diesem Grunde legt man sich in manchen Schulen niemals hin, um das Anhaften an alle Begierden zu durchtrennen. In manchen Klöstern *sitzen* sie die ganze Nacht mit einer Kinnstütze, die auf ihren Händen aufruht, während spezielle Bänder ihre Beine in gekreuzter Stellung halten. Natürlich könnten sie dösen, aber sie können niemals umfallen und ihre Haltung verlieren. In einem chinesischen Tempel in Kalifornien gibt es Leute, die in einer Kiste

schlafen. Die Kiste ist etwa so groß wie eine Meditations-
matte, jedoch nicht groß genug, um sich darin niederzulegen.
Sie sitzen die ganze Nacht, und jeder, der umfällt, kippt gegen
die Kistenwand, da es keine Möglichkeit gibt, sich hinzulegen, ohne sich völlig zusammenzukrümmen. Ich stelle mir
das sehr unbequem vor, aber ich habe Leute gesehen, die das
gemacht haben.

Sobald wir genügend Ruhe bekommen, tauchen auch die anderen Begierden wieder auf. Das ist auch der Grund dafür,
weshalb während besonders intensiver Sesshin pro Nacht nur
drei oder vier Stunden Schlaf erlaubt sind. Aber in diesem
Vers erklärt der Dritte Patriarch, daß Ruhe und Unruhe im
Grunde genommen illusorisch sind und im Erleuchtungs-
zustand weder Begehren noch Ablehnung von Ruhe und Unruhe in Erscheinung treten. Also müssen wir es auch einmal
andersherum betrachten. Was ist an Ruhe falsch? Daran ist
nichts falsch: Wenn ihr müde seid, ruht aus. Von unserem
Standpunkt aus gesehen, ist die in dem chinesischen Tempel
praktizierte Tradition, sich nie hinzulegen, zu extrem, zu aske-
tisch. Sie ist nicht ausgewogen. Auf die Frage »Was ist Zen?«
haben viele Meister geantwortet: »Wenn ich müde bin, ruhe
ich. Wenn ich hungrig bin, esse ich.« Wir brauchen nicht zu
übertreiben. Wir sollten weder einen Mangel an Ruhe
vermeiden wollen, noch darauf fixiert sein, möglichst wenig
Ruhe zu bekommen.

Alle Dualitäten entstehen durch Irrtum.
Sie sind wie Träume von Blumen in der Luft:
lächerlich, sie mit Händen greifen zu wollen.

Wir alle irren uns: Wir verstehen etwas, und dann gehen wir
dazu über, unsere Schlußfolgerungen zu ziehen. Wir fügen
dem, was wir wissen, alle möglichen Dinge hinzu und haben
bald ein ganzes Szenario aufgebaut, das nichts mit der Wirklichkeit zu tun hat. Wir haben das alles in unserem Kopf
erzeugt. Mit unserem dualistischen Geist folgern wir auch
Dinge über uns selbst und unser Leben. Irgendwie ist es für

uns ungemein schwierig, die Dinge so zu nehmen, wie sie sind, ohne ihnen etwas hinzuzufügen – so schwer, uns selbst klar zu sehen, andere klar zu sehen, eine beliebige Situation klar zu sehen. Stets möchten wir etwas hinzufügen oder etwas wegnehmen.

Gewinn und Verlust, richtig und falsch:
Schaffe solche Gedanken mit einem Mal ab.

Alles, was wir machen, hat ein egoistisches Motiv. Entscheidend ist, daß wir zu *praktizieren* lernen, ohne den Gedanken an Gewinn, ohne uns von unserer *Praxis* oder von dem, was wir tun oder geben, einen Vorteil zu versprechen. So häufig ist unser Geben kein richtiges Geben. Wir geben jemandem etwas, und schon erwarten wir von dem anderen etwas zurück. Diese selbstbezogene Erwartung ist tief in unserem Bewußtsein verwurzelt, besonders weil unser gesamtes Erziehungssystem diese Einstellung stark fördert. Bei einfachen Leuten begegnet man dieser Art des Denkens viel seltener. Am schlimmsten sind in dieser Hinsicht die akademisch Gebildeten. Wenn ich vier Jahre lang die Universität besuche oder sogar acht Jahre, um zu promovieren, dann tue ich das, weil ich einen höheren Status und mehr Geld will. Und dann komme ich zu der Einstellung, ich hätte für meine Mühe einen Gegenwert verdient. Wegen meiner harten Arbeit habe ich ein Anrecht darauf, zumindest viel Geld zu verdienen – ja, darauf habe ich einen Anspruch!
Ja, das ist die Einstellung des gierigen Geistes, und diese Einstellung beeinflußt alles, was wir tun: »Wenn ich etwas gebe, kann ich etwas zurückerwarten.« Und: »Wenn ich dir etwas gebe, möchte ich dich haben und besitzen.« Wir haben eine wundervolle Wohnung, ein schönes Haus, aber das ist natürlich nicht genug – deshalb brauchen wir noch zusätzlich ein schönes Auto. Ein normaler Wagen genügt nicht – es muß schon ein Mercedes sein.
Dieses habgierige Denken wird in unserem Erziehungssystem systematisch entwickelt. Wir tun stets alles aus einem be-

stimmten Grund. Stellt euch einmal vor: Jedesmal, wenn ihr scheißt, muß das aus einem bestimmten Grund geschehen. Wie Kodo Sawaki Rōshi gesagt hat: »Ihr eßt nicht, um zu scheißen. Ihr scheißt nicht, um Dünger zu produzieren. Aber heutzutage gehen die Leute auf die höhere Schule, um anschließend die Universität zu besuchen, und gehen auf die Universität, um hinterher einen guten Job zu bekommen.« Dann können wir mehr Geld verdienen, und das wiederum verschafft uns eine bessere Stellung und einen höheren Status in der Gesellschaft. Kauft mehr! Besitzt mehr! Das ist so amerikanisch. Und selbst dem Zen gegenüber können wir diese Haltung einnehmen.

Dāna, das aufrichtige Geben, bedeutet, daß wir geben, ohne irgend etwas zurückzuerwarten. Nach nichts suchen, nach nichts Ausschau halten, einfach geben. Wenn wir geben, um selbst einen Vorteil zu erlangen, dann ist das kein Geben, sondern Kaufen oder Tauschen. Wir müssen bedingungslos geben. Die Einstellung, daß wir für alles, was wir geben, etwas zurückbekommen müssen, ist so ausgeprägt, daß sich im Osten die Vorstellung entwickelt hat, man könne durch *Dāna* Verdienste erwerben, daß selbstloses Geben wenigstens letzten Endes eine Art verspäteter Belohnung nach sich zieht. Vielleicht erhalten wir in diesem Leben nichts Materielles zurück, aber womöglich werden wir im nächsten Leben belohnt. Das ist grundlegend dieselbe Einstellung, daß man nämlich durch sogenanntes Geben etwas gewinnt – nur in ein wenig subtilerer Form.

Was nun den Buddha-Dharma anbelangt, so gibt es wirklich nichts, wonach zu suchen wäre. Unser *Zazen* selbst *ist* der Buddha-Dharma. Also brauchen wir nicht in einer suchenden Haltung zu praktizieren, mit der Vorstellung, wir könnten durch unsere *Praxis* etwas gewinnen. Wir sollten die Langeweile, die beim *Sitzen* aufkommt, weder verachten noch zu vermeiden suchen, sondern ganz einfach von ganzem Herzen *praktizieren,* ohne nach irgendeiner Art von Vollendung oder einem bestimmten Ergebnis zu schielen. Das ist die rechte

Einstellung, die sich mit dem Prinzip des Nicht-Suchens in Übereinstimmung befindet.

Das *Sitzen* selbst ist nicht dualistisch. Im *Zazen* gibt es keine Barriere zwischen dem Selbst und den Erscheinungen. *Zazen* ist die wahre Form des Selbst. Aber wenn ihr beim *Sitzen* Resultate erwartet, dann ist das nicht wahres *Zazen*. Man kann sagen, wahres *Sitzen* bedeutet, den WEG zu erkennen und zu verwirklichen, aber tatsächlich *ist* wahres *Zazen* diese Erkenntnis und diese Verwirklichung selbst. Und was ist die Erkenntnis und Verwirklichung des WEGS? Daß – wenn ihr *sitzt* – sich das Kōan des wahren Selbst, die Buddha-Natur, der Buddha-Dharma, der Buddha-WEG verwirklicht.

Wenn wir einmal den WEG erfahren haben, dann beschränkt er sich nicht auf das *Sitzen*. Alles, was wir tun, von früh bis spät, ist nichts anderes als der WEG. Aber bis wir diesen WEG erfahren, ist nichts von dem, was wir tun, wirklich der WEG. Und wenn wir uns einbilden, wir hätten den WEG erreicht, können wir da wiederum steckenbleiben. Das wird dann zu einer neuen Form der Verblendung.

Wenn wir die Dinge allein von der Seite des Absoluten her sehen, gibt es nur das Absolute. Dann ist alles nichts, und es gibt keine Möglichkeit, unwissend oder verblendet zu sein. Selbst verblendet zu sein und den WEG nicht zu erkennen, ist Erleuchtung: nichts zu tun, nichts zu suchen. Aber sobald wir in der relativen Welt gefangen sind, welche Frage stellt sich dann gleich ein, wenn ich sage: »Nichts zu tun«? – »Warum soll ich das tun? Warum soll ich *sitzen?* Warum soll ich meine Beine und meine Knie überstrapazieren? Weshalb tue ich das eigentlich alles?« Der gierige Geist führt uns in die Irre, so daß wir alles nur tun, um dafür etwas zu gewinnen. Warum ist es so schwierig, diesen gierigen Geist loszulassen? Warum ist es so schwierig, einfach bloß das Geschirr zu spülen, einfach bloß das Zimmer zu putzen, einfach nur dazusitzen? Und zu essen, wenn wir hungrig sind, und zu ruhen, wenn wir müde sind?

Weshalb ist es so schwierig, nur einfach den WEG zu beschreiten. Ohne Grund, ohne zu wissen, warum, praktizieren wir *Anuttara-Samyaksambodhi,* höchstes Erwachen, höchste Weisheit, Vollkommenheit. Warum *sitzen* wir? Ich weiß es nicht. Wir tun es einfach und verwirklichen das Bodhisattva-Gelübde: Wir üben *Zazen,* um der Befreiung aller Wesen willen.

Es gibt keine Barriere. Vom Standpunkt des Absoluten aus betrachtet, gibt es absolut gar nichts, was wir zu überwinden hätten. Die Behauptung, wir müßten irgend etwas überwinden, ist ein Schabernack des Buddha. Zeig es ihm und all den anderen, die diese Geschichte nach ihm weitergegeben haben. Es gibt nichts, was uns daran hindern könnte, unser wahres Selbst zu sein. Wenn wir das klar erkennen, entsteht spontan das Bodhisattva-Gelübde. Da es nichts zu tun gibt, da es keinen Ort aufzusuchen gilt, da es nichts zu gewinnen gibt – und trotzdem jeder voller Unzufriedenheit nach etwas sucht und leidet, weil er meint, daß es in diesem Leben etwas zu holen gibt –, stellt sich das große Mitgefühl für andere ein. Wir möchten den Menschen ganz einfach helfen, das zu erfahren, was wir erfahren haben.

Wenn wir sehen, wie jemand unentwegt den Kopf gegen eine Wand schlägt, dann werden wir irgendwann – egal, wie stur wir auch sind – zu ihm hinübergehen und sagen: »Warte, warum hörst du damit nicht auf? Das ist nicht gut für dich.« Der eine oder andere von uns würde das vielleicht nicht sofort machen, wir würden den anderen einfach weiter seinen Kopf gegen die Wand schlagen lassen. Wir haben kein Mitgefühl. Aber wenn wir Menschen sehen, die nicht aufhören können zu leiden und nutzlos in diesem Traum herumsuchen, dann muß es schließlich doch unser Herz berühren, unseren Herz-Geist, unser Mitgefühl wecken. Und dann möchten wir etwas tun. Dieses Mitgefühl wird die Inspiration des Zen.

10. Zeitlose Essenz des Selbst

Wenn das Auge niemals schläft,
vergehen alle Träume von allein.
Wenn der Geist keine Unterscheidungen trifft,
dann sind die zehntausend Dinge,
wie sie sind – aus einer Essenz.
Das Geheimnis dieser Einen Essenz zu verstehen
heißt, von allen Verstrickungen frei zu sein.
Wenn die Gleichheit aller Dinge gesehen wird,
ist die zeitlose Essenz des Selbst gefunden.
Vergleiche und Analogien sind nicht mehr möglich,
wenn Ursache und Beziehung verschwunden sind.

Wenn das Auge niemals schläft,
vergehen alle Träume von allein.

Was ist das Auge, das niemals schläft? Ein Auge, zwei Augen, das eine Auge, das Zen-Auge: so viele Namen für *Prajñā*. Wenn *Prajñā* erwacht ist, hören alle Träume ganz von allein auf, alle Verblendungen und Phantasien finden ihr natürliches Ende. Wenn wir *sitzen* und die Kraft der Konzentration – *Jōriki* – in uns aufbauen, wie wenn wir in unserem Bauchraum einen Ballon aufblasen würden, dann erreichen wir etwas Gleichmut, eine gewisse Stabilität. Aber sobald wir nicht mehr *sitzen*, verströmt diese Kraft wie Luft aus einem undichten Ballon, und wir verlieren sie. Wir müssen regelmäßig *sitzen*, um *Jōriki* im unteren Bauchraum zu erhalten. Dann verfügen wir über Stabilität und Gleichmut, unsere Lebenssituation besser zu handhaben.
Wenn die Kraft des *Samādhi* stark genug ist und wir wirklich stabil werden, wenn wir uns vollkommen in unserem Atem, unserem Körper, unserem Geist niedergelassen haben, dann

kann uns jedes zufällige Ereignis – ein zwitschernder Vogel, ein Sonnenuntergang oder eine Blume, die Augen eines anderen Menschen, das Anstoßen mit einem Zeh oder ein Stockschlag auf den Rücken – die Augen öffnen, wenn wir nur bereit sind. Wenn das *Prajñā*-Auge einmal vollkommen offen ist, kann es sich nie wieder schließen. Aber bevor das nicht geschehen ist, tendiert es wie der Verschluß einer Kamera dazu, sich zu schließen. Wenn es sich ein wenig öffnet, haben wir eine kleine Erfahrung, ein *Kenshō*, einen kurzen Einblick in unsere Natur, in die Essenz des Geistes, den essentiellen Aspekt des Selbst. Dann sehen wir alle Dharmas als *eins,* alle Dinge als einen Körper; wir erkennen die wechselseitige Abhängigkeit aller Dinge.

Wenn ich wütend werde, beeinflußt das euch. Wenn ihr euch liebevoll verhaltet, dann berührt das mich. Selbst Menschen, die so weit entfernt leben wie in der Sowjetunion, empfinden die Schwingungen. Ob sie es bewußt wahrnehmen oder nicht, es ist wahr. Es ist wie mit einem Gefäß voll Gelee. Wenn man sich an einer beliebigen Stelle des Topfes zu schaffen macht, wackelt gleich die ganze Masse. Manchmal nennen wir diese Eine Essenz *Leerheit,* aber diese Leerheit ist nicht bloße Leere, kein Leersein von etwas. Wenn ihr die Eine Essenz wirklich wahrnehmt, dann erkennt ihr, daß sie voll ist, vollkommen, ganz. Leerheit ist weder substantiell noch substanzlos.

Manchmal verwende ich den Vergleich mit Schnee. Wenn das ganze Land mit Schnee bedeckt ist, können wir alle möglichen Schneefiguren formen: einen Postboten, eine Polizistin, einen Nikolaus, ein Kind, einen Hund, eine Katze, einen Mörder, eine Jeanne d'Arc und so fort. Diese verschiedenen Figuren unterscheiden sich in Gestalt und Größe, aber sie bestehen alle aus einer Essenz, einer Substanz: Schnee. Diese *Eine Essenz* zu erkennen heißt, sich zu befreien. Sich von was zu befreien? Zunächst einmal von dem Zwang, nach irgend etwas zu suchen. Wenn wir alle aus einer Essenz gemacht sind, wenn alles einen einzigen Ursprung hat, dann ist alles nichts anderes als diese eine Essenz, durch und durch. Der

Sechste Patriarch nannte sie die »Essenz des Geistes«. Andere nennen sie »essentielles Wesen«. Der Dritte Patriarch spricht hier von »zeitloser Essenz des Selbst«. Bankei nennt es »ungeborenen Buddha-Geist«. Sie alle meinen das gleiche: Buddha-Natur, wahres Selbst.

Diese Essenz wird nicht geboren und kann niemals sterben. Sie existiert ewig. Manche nennen es Energie, andere Geist. Aber was ist es? Niemand weiß das. Jeder Begriff, den wir uns davon machen, kann nur eine Analogie sein – wie der schon erwähnte Schnee. Buddha verwendete ebenfalls eine Analogie. Stellt euch vor, die ganze Welt wäre aus Gold gemacht, sagte er, und bestünde aus verschiedenen – allesamt aus Gold gebildeten – Formen. Genau das ist es, was ihr seid und was alles andere auch ist: pures Gold. Das ist Buddha-Natur.

Wenn ihr wirklich in euren eigenen Geist hineinblickt, dann seht ihr: Geist ist Buddha. Bis dahin glaubt ihr, daß es so etwas wie die Buddha-Natur nicht gibt, oder zumindest habt ihr Zweifel an ihrer Existenz. Ich frage auch: »Wer hört die Klänge?« Ihr schaut in euren Geist, und ihr findet nichts. Aber es ist nicht nichts: Nichts kann nicht hören. Versucht es einmal: Bittet den leeren Raum, Klänge zu hören. Der leere Raum kann nicht hören, kann nicht sehen, kann nicht denken, kann sich nicht bewegen. Der Geist denkt, sieht, bewegt sich, hört.

Aber wenn ich *Geist* sage, meine ich nicht das Denken oder die Begriffsbildung, die wir normalerweise mit diesem Wort assoziieren. Wenn wir über das dualistische, unterscheidende Denken, den begrifflich fixierten Gedanken hinausgehen, was entdecken wir dann? Wir entdecken, daß es zwischen den Gedanken einen Raum, eine Lücke gibt. Wir denken, da ist nichts, aber es ist nicht nichts; es ist *Geist-Essenz*. Aber wenn wir denken, daß diese Essenz etwas ist, was man sehen, fühlen, festhalten kann, dann täuschen wir uns. Weil alles aus dieser Essenz besteht, ist es, als wollten wir mit unseren eigenen Augen unsere eigenen Augen sehen, mit unserer eigenen Hand dieselbe Hand ergreifen. Wir können das nicht. Und doch wissen wir durch unsere Erfahrung, es gibt eine Quelle, es gibt Buddha-Natur, es gibt ein wahres Selbst.

Unser wahres Selbst, unsere wahre Identität, ist nicht das, was wir normalerweise denken, ein winziges, begrenztes Individuum – kämpfend, einsam, entfremdet, verwirrt, verängstigt, überfordert. Wenn wir den eisernen Griff lösen, mit dem wir uns an unserem Geist und unserem Körper festhalten, verschmelzen wir mit unserem wahren Selbst. Aber das Wort *verschmelzen* ist ungenau, denn es gab nie etwas, das uns getrennt hat – außer unser eigenes dualistisches Denken.

Das genau ist *Shikantaza:* einfach zu *sitzen,* in Einheit mit allen Dingen zu allen Zeiten, ohne irgendwelche Grenzen oder Barrieren oder Definitionen zu schaffen, um uns von allem übrigen zu trennen. Darum geht es in Kōans auch. Mit Kōans zu arbeiten bedeutet zu fragen: Was ist Geist, was ist *Mu,* was ist der Ursprung, was ist Buddha, was ist mein ursprüngliches Angesicht? Das ist immer die gleiche Frage. Sie alle fordern uns auf, in den Geist hineinzublicken, nicht außerhalb von uns zu suchen, nicht in der Zukunft zu suchen, sondern in diesem Augenblick. Diese Fragen provozieren uns zu sehen, daß unsere wahre Natur der Buddha-Dharma ist, daß sie die Verwirklichung des WEGS ist. Da wir dieser Augenblick sind, als dieser Körper und dieser Geist, sind wir die Essenz, die sich die ganze Zeit als ich, als du, als alles, als jeder offenbart. Reines Gold, reiner Schnee. Das ist mit wahrer Gleichheit gemeint: Wir sind alle reines Gold, alle derselbe Schnee, alle absolut gleich. Wir sind alle aus derselben Essenz gemacht, demselben Geist, derselben Energie.

Aber wir sollten hier nicht steckenbleiben. Postbote ist immer noch Postbote, Polizistin ist Polizistin, Hund ist Hund, Katze ist Katze, Kind ist Kind, Vater ist Vater, Mutter ist Mutter, Schüler ist Schüler, Lehrer ist Lehrer. Mann ist Mann, und Frau ist Frau. Wenn ihr schließlich eure essentielle Natur erkennt, dann seid ihr vollständig. Das Männliche ist bereits weiblich, und das Weibliche bereits männlich. Alles ist bereits vollkommen ausbalanciert. Aus diesem Grund tritt auch die weibliche Seite, der Yin-Aspekt, hervor, wenn Männer *praktizieren*. Die offenere, sensiblere, wachere, empfänglichere Seite kommt allmählich zum Vorschein. Und das gleiche gilt umgekehrt für Frauen: Wenn sie *praktizieren*, gelangt der Yang-Aspekt – das heißt ihre starke, kraftvolle, selbstbewußte Seite – zum Vorschein. Ihr braucht davon nicht viel Aufhebens zu machen; akzeptiert es einfach. Lehnt es nicht ab, unterdrückt es nicht, verleugnet es nicht.

In unserer Gesellschaft werden Frauen häufig unterdrückt. Aber wenn sie *sitzen,* entdecken sie unten in ihrem *Hara,* in ihrem Bauch unendliche Kraft. Tatsächlich kann man leicht Angst bekommen, wenn man diese Kraft nur ein wenig erschließt. Wir wissen nicht, was wir mit all dieser Kraft tun sollen. Wir denken, wir kommen damit nicht zurecht, daß sie uns explodieren läßt, also unterdrücken wir sie wieder. Es dauert Zeit, bis wir genügend Vertrauen in uns selbst besitzen, um zu wissen, daß wir mit unserer ganzen Kraft umgehen können, mit unserer wahren Stärke, und ihr erlauben können herauszukommen. Aber das Schlimmste, was wir tun können, ist, diese Kraft zurückzuhalten oder zu versuchen, die Kraftentfaltung eines anderen Menschen zu unterbinden. Wenn wir versuchen, auf dieser Energie zu sitzen, dann ist das, als säßen wir auf einem Vulkan. Los. Versucht es; ihr werdet nicht lange Erfolg haben.

Das gleiche gilt für den Geist. Wenn ihr versucht, euren Geist zu stark zu kontrollieren oder einzuschränken, geht er mit euch durch wie ein wildgewordenes Pferd oder wie ein verrückter Affe. Laßt die Gedanken einfach aufsteigen, wenn sie aufsteigen, denn es widerspricht der natürlichen Funktion des Geistes, wenn man versucht, die Gedanken am Aufsteigen zu hindern. Trotzdem könnt ihr den Denkprozeß abschneiden, wenn ihr eure ganze Aufmerksamkeit in euren Unterbauch konzentriert. Wenn ihr das tut, werdet ihr feststellen, daß gewaltige Energie zu strömen beginnt. Laßt sie einfach fließen, ohne sie kontrollieren zu wollen. Laßt die Gedanken kommen. Was ist an Gedanken falsch?

Wenn ihr für all diese Gedanken den nötigen Raum schafft, damit sie auftauchen können, und ihr zugleich konzentriert und gesammelt bleibt, dann werdet ihr nicht dualistisch denken. Und was passiert wirklich in dem Moment, wenn ihr sagt: »Okay Gedanken, taucht doch auf, ich heiße euch willkommen«? Plötzlich habt ihr keine Gedanken mehr. Was ist denn jetzt los? »Los, Gedanken, wo seid ihr?« Außer einem gelegentlichen Aufblitzen kommen keine mehr. Dōgen Zenji hat es anders ausgedrückt: »Lasse Körper und Geist fallen. Lasse Geist und Körper los.« Aber keine Sorge: Wenn jemand dich beim Namen ruft, wirst du noch richtig da sein!

Es ist interessant zu beobachten, was geschieht, wenn wir uns bemühen, nicht zu dösen, ja uns sogar anstrengen, bewußt wach zu bleiben. Wir schlafen auf jeden Fall weiter. Der Grund dafür ist ganz einfach: Es überfordert uns, die ganze Zeit die zum Wachbleiben erforderliche Energie aufzubringen. Wir müssen diesen Kampf zwangsläufig verlieren und werden anfangen einzuschlafen, und dagegen kämpfen wir ständig unbewußt an. Sagen wir uns jedoch statt dessen: »Okay, ich erlaube mir jetzt zu dösen«, dann passiert es nicht. Tatsächlich ist es sogar unmöglich, unaufmerksam zu dösen, wenn wir uns selbst sagen, daß es völlig in Ordnung ist. Kann sein, daß wir für einen kurzen Augenblick unaufmerksam sind, aber im nächsten Augenblick sind wir schon wieder voll da. Wir stellen dann fest, daß wir spontan in den Wachzustand zurückkehren, weil wir gegen nichts ankämpfen und uns nicht dadurch erschöpfen, daß wir uns dem Schlaf widersetzen.

Mit der Klarheit verhält es sich ganz ähnlich. Wir möchten so gerne Klarheit erlangen. Und wofür? Was ist falsch an Verwirrung? Warum bevorzugen wir das eine so sehr? Was ist so wunderbar an der Klarheit? Wir möchten nicht leiden, und wir glauben, die Klarheit werde uns von unserem Leiden befreien, deshalb klammern wir uns an die Klarheit, um das Leiden zu vermeiden. Dann wird dieses Anklammern jedoch zu unserem Problem, zu einer neuen Leidensursache. Was, wenn ihr wirklich frei wärt und euch darum nicht mehr kümmern müßtet?

Einmal habe ich jemanden während eines *Daisan* gefragt, wie es ihm gehe. »Nicht gut. Ich bin verwirrt und verärgert.« Wenn ihr verstanden habt, was ich soeben gesagt habe, dann wißt ihr jetzt sofort, was hier das Problem war. Denn was wollte er erreichen? Er wollte seine Verwirrung und seine Verärgerung vertreiben! Folglich machte ihn das verwirrt und verärgert. Ich sagte zu ihm, er solle sich aufrecht hinsetzen und verwirrt und verärgert sein. Zwei Minuten später fragte ich ihn: »Und was empfindest du jetzt?« »Klarheit und Frieden«, erwiderte er. »Was ist mit der Verwirrung und dem Ärger geschehen?« »Ich weiß nicht, ich kann sie nicht mehr finden.«

Es ist eine einfache Tatsache: Wogegen man Widerstände aufbaut, das wird fortbestehen. Wenn ihr euch dem Leiden widersetzt, werdet ihr um so mehr zu leiden haben. Wenn ihr euch der Verwirrung widersetzt, werdet ihr verwirrt bleiben. Wenn ihr Frieden sucht, werdet ihr ständig in Unruhe leben. Wenn ihr nach Klarheit sucht, steckt ihr in Verwirrung. Wenn ihr nicht wütend sein wollt, lauft ihr wütend umher. Wenn es euch egal ist, ob ihr wütend seid, werdet ihr durch Wut nicht gestört sein, weil ihr euch nicht daran festklammert. Wenn ihr keine Meinung für oder gegen etwas habt und nur offen seid, egal, was kommt, dann seid ihr frei.

Wenn der Geist keine Unterscheidungen trifft,
dann sind die zehntausend Dinge
wie sie sind – aus einer Essenz.

Zieht die Klarheit nicht der Verwirrung vor, den Frieden nicht dem Konflikt. Zieht das Vergnügen nicht dem Schmerz vor, das Glücklichsein nicht dem Unglücklichsein. Ist euch schon einmal aufgefallen, daß Menschen, die unbedingt glücklich sein wollen, immer am unglücklichsten sind? Sie sagen stets: »Ich möchte glücklich sein, aber ich bin es nie.« Menschen, die sich um Glücklichsein nicht kümmern, die einfach hart arbeiten und tun, was sie tun müssen, scheinen immer glücklich zu sein. Das gleiche gilt für Menschen, die ihren Frieden finden wollen. Sie wollen zwar um jeden Preis ihren Seelenfrieden, aber ihr Geist ist immer im Konflikt. Sie suchen größeren Frieden und bekommen mehr Probleme. Klammert euch nicht an derartige Unterscheidungen und Trennungen.

»Die zehntausend Dinge sind, wie sie sind« – das gilt für alle Dinge. Ein Baum ist ein Baum. Ein Berg ist ein Berg. Ein Fluß ist ein Fluß. Flüsse fließen, Berge tun das nicht. Hunde bellen, Katzen miauen. Habt ihr je eine bellende Katze oder einen miauenden Hund gesehen? Wenn ihr sitzt und hört ein Bellen, dann wißt ihr, daß das ein Hund ist. Das nennen wir unterscheidende Weisheit, die Weisheit, einen Hund von einer Katze zu unterscheiden. Könnt ihr einen Mann von einer Frau unterscheiden? Dann habt ihr schon unterscheidende Weisheit! Aber sobald wir uns an die Vorstellung klammern, das eine sei gut und das andere schlecht, das eine richtig und das andere falsch, genau da wird daraus unterscheidende Verblendung. Wo die Begriffe »richtig« und »falsch« auch nur die geringste Rolle spielen, sind wir in Verwirrung verloren.

Das Geheimnis dieser Einen Essenz zu verstehen heißt, von allen Verstrickungen frei zu sein.

Diese Eine Essenz ist ein Mysterium. Jeder, alles ist die Eine Essenz, aber was ist das? Niemand kann sie begreifen. Man kann sie leben, man kann sie essen, man kann sie atmen, man kann sie sein, aber man kann sie niemals kennen. Alles, was ihr sehen könnt, ist die Eine Essenz, aber ihr könnt sie niemals sehen. Alles, was ihr hören könnt, ist Eine Essenz, aber ihr könnt sie nie hören. Jeder Laut, den ihr hört, ist nichts als die Eine Essenz, nichts als Buddha-Dharma. Jedes Geräusch! Das ist auch der Grund, weshalb alle Klänge euch erleuchten. Wie Dōgen Zenji gesagt hat: »Seid durch die zehntausend Dinge erleuchtet.« Jedes Geräusch, das ihr hört, alles, was ihr seht, erweckt euch, aber ihr könnt niemals die Essenz kennen.

Ihr könnt sie nur sein, denn sie ist euer Leben. Das Leichteste auf der Welt ist es, sie zu sein, denn ihr könnt nichts anderes als sie sein. Das Schwierigste, das wirklich Unmögliche ist es, sie zu begreifen.

> Wenn die Gleichheit aller Dinge gesehen wird,
> ist die zeitlose Essenz des Selbst gefunden.

Wenn ihr die *Einheit* erkennt, wenn ihr die Gleichheit aller Dinge wahrnehmt, dann ist alles nur *eins*. Als Enyadatta ihren Kopf entdeckte, rief sie aus: »Ah, endlich habe ich meinen Kopf gefunden! Wie wunderbar! Wie ungewöhnlich!« Dann erkannte sie, daß jeder Mensch einen Kopf hat. Was ist so besonderes daran, einen Kopf zu haben? Was ist so besonderes daran, ein Buddha zu sein? Jeder hat Buddha-Natur. Alles ist Buddha. Ein bellender Hund ist Buddha, eine Blume ist Buddha, selbst ein Blatt Klopapier ist Buddha.
Was ist so besonderes dabei? Wir alle sind ganz gewöhnlich. Aber jemand, der durch und durch gewöhnlich ist, der ist eine außergewöhnliche Person! Es heißt, daß ein gewöhnlicher Mensch, der die Erleuchtung erfährt, ein Weiser wird. Und wenn ein Weiser erleuchtet wird, wird er zu einem ganz gewöhnlichen Menschen. Zuerst müssen wir gewöhnlichen Leute alle erleuchtet, müssen Weise werden, müssen unsere zeitlose Selbst-Essenz erkennen – das ungeborene, unsterbliche, ewige Selbst: kein Außen, kein Innen, kein Anfang, kein Ende; unsere wahre Natur ist schon immer gewesen und wird immer sein. Und dann müssen wir wieder gewöhnlich werden, nichts Besonderes.

> Vergleiche und Analogien sind nicht mehr möglich,
> wenn Ursache und Beziehung verschwunden sind.

Es ist kein Vergleichen mehr möglich, denn da ist nur die Eine Essenz, nur die Buddha-Natur. Sobald ihr zu vergleichen beginnt, habt ihr schon zweigeteilt, euch selbst fragmentiert. »Wenn Ursache und Beziehung verschwunden sind« bedeutet das, daß es im Absoluten keine Ursache und Wirkung – kein

Karma – gibt. Wie gelangen wir über das Karma hinaus? Wenn wir Körper und Geist abwerfen, werden wir eins mit dem Karma, sind wir unser Karma; wir leben es von Augenblick zu Augenblick. Wir haben es überstiegen. In diesem Zustand gibt es kein Karma. Dieser Zustand ist das Karma.

Keine Beziehungen! Sobald wir eine Beziehung haben, sind wir bereits gespalten, schon in der Dualität. Der beziehungslose Zustand ist die wahre Gemeinschaft: ein Zustand der Einheit, ohne Abgrenzung, ohne jede Barriere, ohne Abwehr. Manche erscheinen mit allen möglichen Abwehrhaltungen zum Daisan – wovor wollen sie sich schützen? Wer will euch verletzen? Wer will euch übervorteilen? Wenn sich zwei Menschen in einem Raum befinden, ist das natürlich möglich. Ist nur einer da, ist es unmöglich. Vor wem schützen wir uns?

Wäre es nicht wunderbar, keine Angst zu haben? Das ist das größte Geschenk: keine Angst! Wenn ihr wirklich erkennt, was *Es* ist, dann gibt es keine Angst, dann gibt es nichts, was euch verletzen, nichts, was euch zerstören könnte. Nichts kann euch das Leben nehmen, denn euer Leben ist ungeboren, deshalb unsterblich. Alles übrige ist ein Traum.

11. Bewegung und Stille verschwinden

Betrachtest du Bewegung in Stille
und Stille in Bewegung,
so verschwinden Bewegung und Stille zugleich.
Wenn solche Dualitäten zu existieren aufhören,
kann auch die *Einheit* selbst nicht mehr sein.
Auf diese letzte Endgültigkeit
trifft kein Gesetz und keine Beschreibung mehr zu.

Ist der vereinigte Geist in Übereinstimmung mit dem WEG,
endet alles selbstbezogene Streben.
Zweifel und Unentschlossenheit verschwinden,
und ein Leben in wahrem Vertrauen ist möglich.
Auf einen Schlag sind wir von den Fesseln frei;
nichts hängt an uns, und wir hängen an nichts.
Alles ist leer, klar, selbst-erleuchtend,
ohne Anstrengung des Geistes.
Hier sind Denken, Fühlen, Wissen und
    Vorstellung ohne Wert.
In dieser Welt der *So-heit*
gibt es weder Selbst noch andere.

Betrachtest du Bewegung in Stille
und Stille in Bewegung,
so verschwinden Bewegung und Stille zugleich.

Wenn wir intensiv *Zazen* sitzen, gibt es in dieser Stille, dieser
vollkommenen Reglosigkeit vollständige, vollkommene Bewegung. Maezumi Rōshi vergleicht das mit einem Spielzeug-
kreisel. Wenn man den Kreisel richtig dreht und er ohne zu
taumeln aufrecht steht und in vollkommener Balance auf der
Stelle dreht, dann erscheint er reglos, als ob er sich gar nicht

bewegen würde; und er scheint seine Form zu verlieren. Ist der Kreisel jedoch nicht im Gleichgewicht, dann wackelt er umher und erscheint sehr fest. Wenn er sich gut dreht, wird er gestaltlos, ja beginnt sogar, transparent zu erscheinen.

Genauso ist unser *Zazen*. Wenn wir gut *sitzen,* ist auch der Energiefluß ausbalanciert. Die Energie, die durch den Körper fließt, gestattet es uns, uns unserer durchscheinenden, formlosen Natur bewußt zu werden, und unsere Form, genau diesen Körper, als leer zu erfahren. Das genau ist *Shikantaza.* Wenn ihr *sitzt* und euch fragt, was wahre Leerheit ist, erkennt ihr augenblicklich: Genau *das!* Genau diese Haltung, dieser Körper-Geist selbst ist durchscheinend, leer, formlos, Nicht-Selbst.

Wenn wir uns mit etwas beschäftigen, arbeiten oder spielen, und uns rückhaltlos hingeben, auch nicht ein Prozent zurückhalten und uns mit vollkommenem Vertrauen und voller Entschlossenheit in die Sache hineinstürzen, dann verschwinden wir. Dann ist in allen unseren Bewegungen Stille, geistiger Frieden. Aber genau dieses Verschwinden, diesen kleinen Tod fürchten wir. Und ebendiese Angst hält uns davon ab, uns selbst total in unsere Tätigkeiten einzubringen. Vielleicht geben wir 99 oder sogar 99,9 Prozent von uns, aber wir gehen nicht bis zum Ende, wir halten uns zurück. Stets ist ein Widerstand da, der verhindert, daß wir alles geben. Hinter jedem Grund, den wir vorbringen, steht die Angst, die Angst, in der Aktivität zu sterben oder zu verschwinden. Wenn wir völlig engagiert sind, dann sind wir in unserer Aktivität vollkommen still. Es herrscht eine vollkommene Stille, und in dieser Stille gibt es kein Selbst, kein Ich. Aus diesem Grund haben auch die Mystiker aller Religionen und Zeiten nach dieser inneren Ruhe, dem stillen Punkt gesucht. In dieser tiefen Ruhe gibt es keinen Gedanken. Und wenn es keinen Gedanken gibt, gibt es kein *Ich,* kein Selbst.

Dōgen Zenji hat den ersten Teil seines *Shōbō-Genzō* mit »Genjō Kōan«, absolute Wirklichkeit, das wahre Kōan in Verwirklichung überschrieben. Hierauf bezieht sich der Dritte Patriarch. Wenn in aller Aktivität wahre Stille herrscht, dann manifestiert sich das Kōan der Wirklichkeit, die Wirklichkeit selbst. Was aber ist die Verwirklichung dieses Kōan? Nichts als ihr selbst, jeder Augenblick eures Lebens. Wenn ihr *sitzt,* sitzt einfach das wahre Selbst. Wenn ihr euch bewegt, bewegt sich einfach das wahre Selbst; wenn ihr euch verbeugt, verbeugt sich einfach das wahre Selbst.

Es gibt das Kōan »Sei ein regloser Baum in stürmischem Wind«. Reglos, ja, aber wenn ihr in einem Sturm starr und unbiegsam seid, werdet ihr brechen oder entwurzelt werden. In so vielen unserer Berufe erstarren wir, besonders in solchen, die primär den Intellekt beanspruchen – die auf Wissen und angehäuften Informationen basieren, wie zum Beispiel die Rechtswissenschaft. Es geschieht leicht, daß man starr wird. Man wird leicht sehr starr, wenn man einen Standpunkt beziehen muß. Und wenn man sich auf den Intellekt stützt, muß man besonders achtgeben, nicht zu erstarren.

Einen klar fixierten Standpunkt einzunehmen ist das genaue Gegenteil unserer *Praxis.* Wir zielen in unserer *Praxis* darauf ab, »ein regloser Baum in stürmischem Wind zu sein«, das heißt, tiefe Wurzeln zu schlagen. Worin verwurzelt? Im Buddha-Dharma, im *Zazen;* im Herzen der Erde, im eigentlichen Zentrum und trotzdem fähig zu sein, uns mit dem Wind zu beugen, mit dem Strom zu fließen, uns nicht stolz und gerade und starr dagegen zu stemmen, sondern flexibel zu sein. Wir müssen nicht einen bestimmten Standpunkt vertreten, es sei denn, das ist unser Job. Wir brauchen weder unbiegsam noch unnachgiebig zu sein, noch müssen wir uns für unseren Standpunkt ständig entschuldigen. Wenn wir glauben, daß wir im Recht sind, können wir vorwärtsgehen, aber wir müssen auch beständig bereit sein, die andere Seite im Auge zu behalten.

Die Kōan-Schulung dient der Entwicklung der Fähigkeit, einen bestimmten Standpunkt aufzugeben, sich umzudrehen und das Kōan aus anderen Perspektiven zu betrachten. Es gibt immer verschiedene Perspektiven: die relative und die absolute, meine und deine und so fort. Wenn der Lehrer manchmal zu eurer Präsentation des Kōan *nein* sagt, und ihr sicher seid, recht zu haben, dann war die Präsentation vielleicht von der absoluten Seite aus korrekt, von der relativen jedoch falsch oder umgekehrt. Immer wenn ihr in euerm Verständnis, in euerm Rechthaben steckenbleibt, seid ihr im Irrtum.

Zum Beispiel: »Was ist der Ursprung von *Mu*?« Manche von euch kommen herein und sagen: »Ich bin der Ursprung von *Mu*.« Nein! Ihr haltet euch nur an eine Seite. Ihr müßt bereit sein, das fallenzulassen und das Kōan aus einer anderen Perspektive anzuschauen. Solange ihr an eurer alten Perspektive festhaltet, werdet ihr es niemals durchdringen. Ein Kōan wie dieses ist genau das, worüber ich bereits gesprochen habe. Es verlangt einen hundertprozentigen Einsatz. Ein 99,999prozentiger Einsatz ist schon nicht ausreichend, obwohl der Lehrer euch jederzeit bestehen lassen kann. Der Unterschied zwischen euerm ersten Einblick in dieses Kōan, den man vielleicht als Öffnung oder *Kenshō* bezeichnen könnte, und wirklicher Durchdringung mit absoluter Gewißheit, mit der man ohne jeden Zweifel weiß, was es ist – das kann der Unterschied zwischen Hölle und Nirvāna, zwischen Himmel und Erde sein.

Der Unterschied besteht darin, daß ihr in eurem Herzen wißt, daß ihr alles gegeben habt. Ihr habt euch vollkommen in das Kōan hineingestürzt, seid das Kōan geworden, seid vollständig eins mit dem Kōan geworden und habt die Antwort aus dem Kōan selbst heraus gesucht, indem ihr selbst zu diesem Ursprung geworden seid. Dann wißt ihr, daß alles Streben und alles Suchen absolut vergeblich ist. Durch keine noch so große Anstrengung könnt ihr das Unbegreifliche begreifen, das Unerkennbare erkennen.

Was ist der Unterschied zwischen unserem heutigen Wissen und dem Wissen von jemandem wie Bodhidharma? Als er 112 Jahre alt war und der Kaiser Wu ihn fragte: »Wer bist du?«, erwiderte Bodhidharma: »Ich weiß *nicht*!« Es besteht ein gewaltiger Unterschied zwischen jenem kraftvollen Wahrheitsbekenntnis und unserem unsicheren »Oh …, ich weiß nicht ...« – und zwar der Unterschied zwischen einem Weisen und einem Narr. Wir sind die Narren, weil wir nicht fähig sind, uns vollständig in unsere *Praxis* hineinzustürzen.

Warum widerstehen wir, weshalb halten wir uns zurück? Aus Angst natürlich. Aber wenn ihr von Angst befreit sein wollt, müßt ihr euren eigenen Geist kennen. Und um euren eigenen Geist kennenzulernen, müßt ihr in ihn hineinblicken und herausfinden, wer ihr seid. Selbst wenn ich es euch in aller Ausführlichkeit erzählen würde, würde das nicht helfen. Ihr müßt selbst erkennen, daß ihr *es* seid. Wenn wir das Absolute »Gott« nennen, dann seid Gott! Wenn wir es Christus nennen, seid Christus! Aber in unserer Gesellschaft lernt man, daß man so etwas weder sein kann noch überhaupt sagen darf. Was geschieht in unserer Gesellschaft, wenn wir behaupten: »Ich bin Christus!«? Ab in die Klapsmühle.

Erst unlängst habe ich gemeinsam mit einem katholischen Mönch, einem Priester der Episkopalkirche und einigen Psychiatern an einem Gespräch vor vierhundert Mitgliedern der helfenden Berufe teilgenommen. An einer Stelle sagte ich: »Ich bin Jesus Christus! Ich bin Gott!«, und ich habe schon darauf gewartet, daß man mich lyncht. Aber irgendwie schienen sie es offenbar zu schätzen, denn in unserem Herzen wissen wir alle, daß das die Wahrheit ist: »Ich bin der Weg; ich bin die Wahrheit!« Das hat Christus gesagt und ist gekreuzigt worden. Aber im Zen müssen wir bereit sein, das zu begreifen und anzuerkennen, und all den Quatsch vergessen, den man uns beigebracht hat, all unsere Richtig-falsch-Programmierungen.

Als ich mit dieser *Praxis* begonnen habe, habe ich sofort begriffen, daß man so zwar denken kann, aber daß man es nicht aussprechen darf – es sei denn, man wird wahnsinnig, oder man ergreift einen Beruf, in dem Verrücktheit akzeptiert wird. Vielleicht müssen Zen-Mönche verrückt sein. Buddha hat es so ausgedrückt: »Über den Himmeln und unter den Himmeln bin ich allein der Verehrungswürdige!« Ich bin der Buddha! Weshalb fällt es uns so schwer, uns das wirklich einzugestehen? Wir denken, daß es ein aufgeblasenes Ego zur Schau stellt: »Ich kann so etwas nicht sagen, solange ich mein Ego nicht losgelassen habe.« Aber wenn euer Ego so groß wird, dann hat es kein Außen mehr, dann muß es alles und jeden einschließen. Es ist eine falsche Vorstellung, zu glauben, wir könnten das Ego loswerden oder es kleiner machen. Wenn das Ego alles einschließt, hört es auf, Ego zu sein. Dann können wir erkennen, daß es kein Ego gibt.

Was hat der Buddha erkannt? Es gibt kein Ego, kein individuelles Selbst. Für ihn hat sich die Grenze aufgelöst wie eine Blase, die an der Wasseroberfläche zerplatzt. Wenn es eine Blase gibt, ist ein Individuum da. Zerplatzt sie, bleibt nur Wasser zurück. Wenn diese Grenze verschwindet, seid ihr eins mit dem kosmischen Ozean. Das Ego zu verleugnen, funktioniert nicht. Laßt die Wahrheit zu! Und was ist dann Gott? Wenn ihr wirklich eins damit werdet, verschwindet sogar das. Ihr braucht euch an solchen Begriffen nicht festzuhalten.

> Wenn solche Dualitäten zu existieren aufhören,
> kann auch die *Einheit* selbst nicht mehr sein.

Selbst *Einheit* kann zu einem Konzept werden. Es gibt den Spruch »Die vielen werden das *Eine*.« Viele Dharmas, alle Dinge werden *eins*. Dieses *Eine* wird Null, und Null wird alle Dinge. Wenn wir wirklich mit *Mu* eins werden, eins mit jedem einzelnen Ding, sogar mit jeder einzelnen Aufgabe, dann werden wir null, nichts. Das Nicht-Selbst sind die Berge, die Bäume, die Felsen, das Gras und die Sterne – alles überall –, keine Grenze, keine Barriere, keine Wand.

> Auf diese letzte Endgültigkeit
> trifft kein Gesetz und keine Beschreibung mehr zu.

Absolut nichts, was wir denken oder sagen, kann die endgültige Wirklichkeit beschreiben. Sie bleibt auf ewig unbenennbar. Wenn ihr die Erfahrung gemacht habt, und ihr versucht, höchste Wirklichkeit auszudrücken, kommt es irgendwie nie ganz richtig raus. Wir können darauf verweisen, darüber reden, die Wörter selbst sind nichts als diese Wirklichkeit, und dennoch können Worte es nicht beschreiben. Trotzdem entsteht immer wieder das Bedürfnis, es auszudrücken. In der Zen-Tradition heißt es, man habe es noch nicht klar erkannt, wenn man das Unausdrückbare nicht zum Ausdruck bringen kann. Das erste beim Kōan-Studium ist, die *Einheit* zu erfahren, danach die Funktion dieser ununterscheidbaren *Einheit* zu verstehen und schließlich zu begreifen, wie sich das Unausdrückbare zum Ausdruck bringen läßt.

Ist der vereinigte Geist in Übereinstimmung mit dem WEG, endet alles selbstbezogene Streben.

Wenn ihr 100 Prozent gegeben habt und ohne den Schatten eines Zweifels die absolute Absurdität solchen Strebens erkennt, wenn ihr diesen ständig suchenden Geist ermüdet und euch wie Enyadatta, die in ihrer verzweifelten Suche nach ihrem Kopf gegen ihre Fesseln ankämpfte, erschöpft habt und schließlich zur Ruhe kommt, dann endet alles Streben. Aber irgendwie machen wir es stückchenweise und gelangen deshalb nicht sofort zur vollen Erkenntnis. Wir investieren nur 99 Prozent, finden eine Zeitlang Ruhe und meinen, wir hätten etwas erreicht, aber dann steigen die Zweifel von neuem auf. Wir fühlen uns irgendwie unbefriedigt, und so beginnen wir die Suche von neuem.

Wir wollen nicht zugeben, daß wir noch Zweifel haben und uns an der Vorstellung festhalten: »Ich habe es getan, ich habe es erkannt.« Wenn der Lehrer uns sagt, daß das bloß eine Illusion ist, würden wir am liebsten entgegnen: »Scheiße, das ist nicht wahr.« Wir wollen einfach nicht zugeben, daß unsere Verwirklichung noch unvollständig ist. Der Zweifel baut sich mehr und mehr auf, bis er schließlich so groß, schmerzhaft und so entmutigend wird, daß uns, starrköpfig und hoffnungslos wie wir sind, keine andere Wahl mehr bleibt: Wir müssen uns selbst eingestehen, daß wir überhaupt nichts erkannt haben. Und natürlich, wenn wir uns das eingestehen, sind wir gezwungen, dem Zweifel an unserem Lehrer, der Praxis und dem WEG gegenüberzutreten.

Bis jetzt haben wir Kōan um Kōan absolviert, vielleicht haben wir die Kōan-Schulung sogar abgeschlossen. Warum sind wir immer noch nicht zufrieden? Wieso sind denn noch immer Zweifel in uns zurückgeblieben? Wieso hungert irgend etwas in uns noch immer nach der Wahrheit? Jetzt müssen wir bereit sein, den totalen Zweifel zu erfahren: Zweifel am WEG, Zweifel an unserem Lehrer, Zweifel an unseren Erfahrungen, Zweifel an uns selbst, Zweifel am Buddha, Zweifel an sämtlichen Patriarchen. Und dann müssen wir bereit sein, zu sagen: »Was, zum Teufel, weiß der Buddha denn überhaupt? Woher soll ich wissen, ob er überhaupt etwas erkannt hat? Und all diese Meister, wer, zum Teufel, sind die denn schon gewesen? Soweit ich weiß, sind sie wahrscheinlich genauso blöde gewesen wie ich selbst. Und mein Lehrer? Der ist auch nichts Besonderes.«

Unfähig, derart extremen Zweifeln gegenüberzutreten, müssen wir ein Fundament wahren Vertrauens haben. Sonst werden wir uns selbst einfach nicht erlauben, so zu zweifeln, durch solchen Schmerz, solche Qual und Verzweiflung hindurchzugehen und in nichts Vertrauen zu haben. Denn wenn es Vertrauen in etwas ist, ist es kein wahres Vertrauen. Wir könnten es Vertrauen in uns selbst nennen, aber wer sind wir? Wir wissen es nicht, aber das Vertrauen ist da, ein Vertrauen in unser wahres Selbst, nicht in unser Ego. Wir müssen bereit sein, uns mit unserer Angst zu konfrontieren, bereit sein, wieder und wieder den großen Sprung von der dreißig Meter hohen Säule zu machen und dann ein für allemal wirklich für das Selbst zu sterben und ohne jegliche Unterstützung oder Anerkennung ganz allein dazustehen, ohne uns an jemanden oder etwas anzulehnen – frei von allen Prinzipien, frei von unserem Lehrer, frei von allem. Immer haben wir nach der Anerkennung des Lehrers geschielt, aber die letzte Anerkennung muß von uns selbst kommen. Dann erst kann der Lehrer sie bestätigen.

In der Rinzai-Tradition heißt es, daß dort große Erleuchtung ist, wo es großen Zweifel gibt; mittelmäßiger Zweifel, mittelmäßige Erleuchtung; kleiner Zweifel, kleine Erleuchtung. Wir durchlaufen zahlreiche Zweifel und zahlreiche Öffnungen, *Kenshōs,* bis wir schließlich genügend Stabilität haben, ein ausreichend gefestigtes Vertrauens- und Glaubensfundament, um durch die letzte Barriere, das letzte Tor zu gehen. Natürlich können wir sogar danach noch in der Erkenntnis steckenbleiben, daß es nichts zu erlangen gibt. Was hat uns von allem Anfang an gefehlt, was haben wir zuviel gehabt? Absolut gar nichts. Von Anfang an ist alles – so wie es ist – vollkommen und vollständig. Warum also anstrengen? Warum streben? Warum suchen? Wir können auch dieser Erfahrung des Nichts verhaftet werden. Dann müssen wir auch das fallenlassen.

> Zweifel und Unentschlossenheit verschwinden,
> und ein Leben in wahrem Vertrauen ist möglich.

Nachdem wir durch so eine Erfahrung gegangen sind, ist es möglich, in wahrem Vertrauen zu leben. Dann gibt es nichts zu beweisen, keinen Ort, den wir aufsuchen müssen, nichts zu tun. Wie Rinzai gesagt hat, gibt es nur euer gewöhnliches Selbst, und darüber hinaus gibt es nichts zu erreichen: Man kann auf dem Rücken des Ochsen nach Hause reiten und Flöte spielen oder im Garten sitzen, wenn der Ochse fort ist. Aber immer noch kann man weitergehen.

> Auf einen Schlag sind wir von den Fesseln frei;
> nichts hängt an uns, und wir hängen an nichts.

Wenn ihr diesen großen Zweifel, diese große Angst durchlebt, erkennt ihr nicht, daß ihr jetzt frei seid, sondern daß ihr schon *immer* frei gewesen seid, daß ihr niemals in irgendeiner Form gefesselt gewesen seid. Es hat niemals irgendeine Barriere gegeben; das ist alles Verblendung, ein Traum. Ihr seid nie gespalten, nie getrennt oder zweigeteilt; all das ist ein Produkt des Geistes. Dann seid ihr wirklich, wahrhaft frei. Natürlich, wenn wir uns an diese Befreiung anklammern, dann wird sogar diese Befreiung wiederum zu einer Fessel. Ihr müßt selbst die Freiheit loslassen und willens sein, unfrei zu sein. Ihr müßt frei genug sein, um unfrei zu sein, um mit einer schweren Bürde auf den Marktplatz zurückzukehren, ein verblendeter Bodhisattva zu werden. Unser gewöhnlicher Geist kann das nicht begreifen.

Wie können wir frei genug sein, um es uns mit allen Lebewesen zusammen schlecht ergehen zu lassen? Frei genug, um uns von allem fesseln zu lassen? Willens, im schlammigsten Schlamm zu leben, weil dort alle Lebewesen wohnen? Und nicht besser, nicht anders, nichts Besonderes zu sein? Wirklich nur ganz gewöhnlich zu sein? Wer würde so etwas zulassen? Wer ist willens, in die Tiefe der Hölle zu gehen, soviel Mühe, soviel Streben darauf zu verwenden, nur ganz gewöhnlich zu werden? Aber wenn wir uns dem widersetzen – und wir alle widersetzen uns dem –, dann bleiben wir verhaftet.

Alles ist leer, klar, selbst-erleuchtend,
ohne Anstrengung des Geistes.

Keine geistige Anstrengung, kein Kampf, das Selbst zu kontrollieren oder andere zu beherrschen; nur sein lassen, loslassen, jegliche Anstrengung aufgeben, das ist wahres *Shikantaza*. Wenn alles Wollen, alles Anklammern aufhört – das ist vollständige Stille in Bewegung und vollkommene Bewegung in Stille. Wenn ihr so sitzt, dann fließt die Energie einfach; sie hört nirgends auf und ist auf keinen bestimmten Bereich eingeschränkt.

Hier sind Denken, Fühlen, Wissen und
Vorstellung ohne Wert.

Immer haben wir an etwas festgehalten: der Wichtigkeit unserer Gedanken, der Bedeutung unserer Gefühle, der Relevanz unseres Wissens und Vorstellens. Jetzt lassen wir dies alles hinter uns.

In dieser Welt der So-heit
gibt es weder Selbst noch andere.

Kein »Ich«, kein »Du« – auch keine *Einheit*. Nur essen. Nur ruhen. Nur sitzen. Nur in der Nase bohren. Nach nichts suchen.

12. Nicht zwei

Willst du in unmittelbare Harmonie
  mit dieser Wirklichkeit gelangen,
sag, wenn der Zweifel kommt, einfach: »Nicht zwei.«
In diesem »nicht zwei« ist nichts getrennt
und nichts ausgeschlossen.
Ganz gleich, wann oder wo,
Erleuchtung heißt, in diese Wahrheit einzutreten.
Und diese Wahrheit ist jenseits von Ausdehnung
  oder Zusammenziehung in Zeit und Raum;
in ihr währt ein einzelner Gedanke zehntausend Jahre.

Willst du in unmittelbare Harmonie
  mit dieser Wirklichkeit gelangen,
sag, wenn der Zweifel kommt, einfach: »Nicht zwei.«

Wenn man mich fragte, worum es bei unserer *Praxis* eigentlich geht, dann würde ich antworten: Darum, eins zu sein – nicht gespalten, nicht zwei. Das Ziel der Kōan-Schulung ist es, zu lernen, wie man mit jedem Kōan eins sein kann. Wir haben eine ganze Serie, als *Hosshin* bezeichneter Kōan, Dharma-Körper- oder Dharma-Geist-Kōan. Körper und Geist bezeichnen in diesem Fall ein und dasselbe: ein Körper wie *Mu* oder das eigene Gesicht vor der Geburt der eigenen Eltern oder der Klang einer Hand. All diese Kōan werden *Dharmakāya-Hosshin* genannt. Es geht immer darum, das Kōan zu sein.

Wenn euer Kōan *Mu* lautet, seid einfach *Mu:* nicht zwei und auch kein *Mu,* das von demjenigen getrennt ist, der an *Mu* arbeitet. Im Daisan sagen die Schüler manchmal: »Mein Name ist Soundso, und mein Kōan ist *Mu.*« Immer wenn ich das höre, möchte ich sagen: »Mein Name ist *Mu,* und ich arbeite an Genpo!« Euer wahrer Name ist *Mu,* und ihr arbeitet an dem, was auch immer ihr zu sein glaubt. Wie Dōgen Zenji gesagt hat: »Den *Buddha-WEG* studieren, heißt das Selbst studieren«, am eigenen Selbst arbeiten.

Was hat es mit all diesen Sūtras oder Schriften, die wir studieren, auf sich? Bodhidharmas Lehrer Hannyatara wurde anläßlich eines von Bodhidharmas Vater, dem König von Indien, veranstalteten Festessens gebeten, das Tischgebet zu sprechen. Genau wie im Westen sprach damals bei einem solchen Festmahl der höchstgestellte Priester oder Minister das Tischgebet. Hannyatara war der Siebenundzwanzigste Patriarch und außerdem Bodhidharmas und des Königs Lehrer, deshalb wurde er gebeten. Hannyatara sagte: »Wenn ich einatme, lasse ich die zehntausend Sūtras kreisen, und wenn ich ausatme, lasse ich die zehntausend Sūtras kreisen.« Jedesmal, wenn ihr einatmet und ausatmet, gebt ihr eine Auslegung der Sūtras. Jedesmal, wenn ihr hört, hört ihr das Sūtra. Jedesmal, wenn ihr sprecht, spricht das Sūtra. Alles, was ihr seht, ist das Sūtra. Der Sehende ist nichts als das Sūtra, dieser Dharma. Euer Leben, das ist das Sūtra. Euer Leben, das ist der Dharma.

Wie könnten es zwei sein? Wie kann der Dharma von eurem Leben getrennt sein? Wenn ihr erwartet, daß ihr den Dharma eines Tages erkennen, daß ihr den Dharma eines Tages finden werdet, so ist das Irrsinn. Es ist so, als ob ihr meintet, ihr könntet euren Kopf wirklich verlieren, wenn ihr eines Tages glaubt, ihn wiedergefunden zu haben. Bereits der Gedanke, daß etwas verlorengegangen sei, daß der Dharma nicht da oder die Wahrheit abwesend sei, noch nicht erkannt – das ist der Irrsinn! Die Leute kommen zum *Daisan* und sagen Dinge wie: »Ich habe *es* noch nicht erkannt. Seit zehn Jahren *praktiziere* ich jetzt und habe noch nichts erkannt.« Über die Absurdität solcher Feststellung kann man eigentlich nur lachen. Denn ihr seid bereits frei. Wie kann ein Buddha ein Buddha werden? Wenn ein Buddha zum Buddha wird, dann ist Buddha eine Mißgeburt, ein zweiköpfiges Monster.

Es ist so einfach: Das Telefon klingelt – warum nehmen wir den Hörer ab? Die Glocke läutet – warum ziehen wir unsere Roben an und kommen zum *Sitzen?* Irgendwer kommt zum *Daisan* zu mir und sagt: »Ich frage mich manchmal, weshalb ich überhaupt hier bin, warum ich *sitze?*« Das ist schön: zu fragen, warum wir *sitzen* und weshalb wir *praktizieren,* und dann trotzdem dabeizubleiben und sich dieser verrückten *Praxis* zu widmen. Morgens um halb fünf aufzustehen, zehn Stunden am Tag zu *sitzen* und eine blöde Wand anzustarren! Wie sollen wir das jemandem erklären? Noch dümmer, als es zu tun, ist es, das jemandem erklären zu wollen. Wer würde das verstehen? Die Wahrheit ist: Wir wissen sowieso nichts. Wenn wir es genauer untersuchen, wissen wir nichts. Was hält uns Jahr für Jahr in dieser *Praxis?* Ohne es wirklich zu wissen, tun wir es einfach.

Das ist die tatsächliche Bedeutung des Titels *Hsin hsin ming:* Vertrauen in den Geist, Glaube des Geistes oder Wahrheit des Geistes. Das ist wahres Vertrauen: nicht wissen, warum, sondern es einfach tun.

Das gleiche gilt für die Kōan-Schulung. Zum Beispiel: »Was ist Zen? Die scheißende Kuh im Feld.« Mit diesem Kōan eins zu sein, nur dieser Kōan zu sein, erfordert ein ungeheures Vertrauen und erheblichen Mangel an Selbst-Bewußtheit. Wenn ihr euch an euer Selbst klammert, könnt ihr nicht eins sein mit dem Kōan, ihr werdet euch zurückhalten. Und das ist immer irgendwie unser Problem, daß wir zu selbst-bewußt, zurückhaltend, zu gehemmt sind. Vielleicht liegt das an unserer Erziehung: »Mach das nicht, vielleicht hat jemand was dagegen.« Oder: »Mach das nicht, die Leute schauen dir zu.« Und dann schielen wir ständig über unsere Schulter nach jemandem, der uns beobachten oder kritisieren könnte. Wir werden immer selbst-bewußter, und diese Selbst-Bewußtheit ist genau das, was uns blockiert, uns daran hindert, frei zu sein, wir selbst zu sein. Wenn ihr das Kōan »Was ist Zen? Die scheißende Kuh im Feld« beantworten könnt, solltet ihr kein Problem mehr haben.

Ihr habt bereits zwei Gläser Champagner getrunken und behauptet, euer Mund sei noch nicht feucht geworden. Das ist wahre Arroganz, Gier. Kommt Gier nicht von Arroganz her, von Egoismus, von der Ansicht, daß wir separat von allen anderen getrennt existieren? Ist es nicht arrogant und gierig, zu denken, wir seien nicht erleuchtet, daß wir noch nicht genug erkannt hätten? Habt ihr jemals darüber in dieser Weise nachgedacht? Üblicherweise denken wir genau umgekehrt: »Es wäre arrogant, wenn ich mir einbilden würde, ich hätte *es* erkannt, dazu zu stehen und die WAHRHEIT einzugestehen.«

Es ist nicht zwei. Und wenn *es* nicht zwei ist, wer bleibt dann als Wissender übrig? Und um was zu wissen? Ist nicht zweierlei erforderlich zum Wissen, der Wissende und das Gewußte? Das heißt aber, daß etwas zu wissen bereits eine Abweichung von der WAHRHEIT ist, eine Trennung von euch und dem WEG. Sobald ihr anfangt, *es* zu suchen oder zu erkennen, seid ihr bereits in die Irre gegangen. *Es* wissen zu wollen ist Arroganz. *Es* verstehen zu wollen ist unser überhebliches Denken. Wenn wir unbedingt wissen wollen und schließlich erkennen: »Ich weiß *es* nicht, und *es* ist nicht zu wissen ..., *es* ist unbegreiflich und unerreichbar ..., *es* ist einfach dies«, ist das nicht wirklich erniedrigend? Ist es nicht demütigend, wenn man sich fünf, zehn, fünfzehn oder sogar zwanzig Jahre wie ein Idiot abmüht und vollständig versagt? Ist das nicht erniedrigend genug? In unserer Praxis wirklich zu versagen, und zwar ein für allemal, vollkommen und absolut zu scheitern: Das ist *es*.

Aber was tun wir? Wir kommen zu jedem Sesshin, um es durchzustehen. Ich weiß nicht, wie oft ich zu mir gesagt habe: »Wieder einmal geschafft!« Aber wenn ihr sagt: »Ich hab's geschafft«, so habt ihr bereits verloren. Ihr habt zwar die Schlacht gewonnen, doch den Krieg verloren. Wenn ihr ein für allemal sagen könnt: »Ich habe es nicht geschafft; diesmal hab' ich's nicht überlebt, ich bin völlig gescheitert, ja, es hat mich umgebracht«, dann habt ihr's erfaßt! Wirkliches Versagen, wirkliches Verlieren, das ist Gewinnen. Wie Koryu

Rōshi, einer von Maezumi Rōshis Lehrern, immer sagte: »Stirb auf deinem Kissen ein für allemal!« Wenn du wirklich den *Großen Tod* gestorben bist, kannst du nie wieder sterben. Das Leben wird ewig.

In diesem »nicht zwei« ist nichts getrennt und nichts ausgeschlossen.

Das ist *Shikantaza*. Das ist *Mu*. Das ist *Kōan*. Das ist *Zazen*. Normalerweise errichten wir allein durch unsere Selbst-Definition alle möglichen Mauern und Barrieren. Sobald wir etwas definieren, führen wir bestimmte Kriterien ein, die es von anderen Dingen unterscheiden. Ist es einmal definiert, können wir es untersuchen, es verstehen. Jetzt fühlen wir uns besser, weil wir es begreifen können. Aber letztendlich gibt es nichts zu definieren: nur Nicht-Selbst: offene Weite.

Üblicherweise definieren wir uns durch Grenzziehungen: Ich bin ein Mann oder eine Frau. Ich bin ungebildet oder hochgebildet. Ich bin arrogant oder demütig, brillant oder dumm, alt oder jung, verblendet oder erleuchtet. Alles nur Konzepte! Warum haben wir Angst, uns aller Definitionen zu entledigen, aller Konzepte, aller Ideen? Wer oder was wären wir dann? Wie würden wir uns auf unsere Umwelt beziehen? Wie würden wir funktionieren, ohne Wissen? Wie könnten wir zur Arbeit gehen, wenn wir nicht wüßten, wer wir sind?

Das bringt uns zurück zum Thema Vertrauen. Wenn ihr wirklich Vertrauen und Glauben habt, könnt ihr ohne solche Definitionen leben, und dann seid ihr nicht eingeschränkt. Dann seid ihr das grenzenlose, unendliche Nichts. Aber wer möchte nichts sein? Weil wir nicht nichts sein wollen, können wir nicht unendlich sein. Also entschließen wir uns, bloß ein kleines Etwas zu sein, nicht viel. Werft es einfach weg! Dann könnt ihr alles empfangen, alles sein. Wenn ihr wirklich euch selbst vom Selbst leert, dann seid ihr die Berge, die Flüsse, die Erde – einfach alles. Ihr seid alle Dinge.

Erst dann stellt sich wahres Mitgefühl ein. Dann könnt ihr einem anderen nicht mehr den Rücken zukehren, weil dieser andere nicht von euch getrennt ist. Dann ist es schwierig, zum eigenen Nutzen gierig zu sein. Natürlich kann man noch immer nach dem Ganzen Gier empfinden, nach dem Dharma, nach der WAHRHEIT, danach, Menschen zu erwecken. Maezumi Rōshi hat immer gesagt: »Ich möchte, daß ihr wirklich gierig seid; ihr seid nicht gierig genug!« und: »Ich möchte nicht, daß ihr bedürfnislos seid. Habt großes Verlangen, starke Begierden!« Was sonst sind die *Vier Gelübde?* Nichts als ein gewaltiges Verlangen: alle Lebewesen zu befreien, den WEG zu vollenden!

Ganz gleich, wann oder wo,
Erleuchtung heißt, in diese Wahrheit einzutreten.

Es gibt da die Geschichte über Hui-neng, den späteren Sechsten Patriarchen, der zu Besuch beim Fünften Patriarchen weilte. Und da saß er nun, Hui-neng, ein junger, selbstbewußter Grünschnabel, der mit allen möglichen Weisheiten angefüllt war. Um ihn zu prüfen, sagte der Fünfte Patriarch: »Ich habe gehört, daß es in Südchina, wo du herkommst, keinen Buddha-Dharma gibt!« Hui-neng entgegnete: »Der Buddha-Dharma kennt weder Süden, Norden, Osten noch Westen.« Egal, in welcher Generation, in welcher Epoche, in welcher Kultur, in welchem Land – die WAHRHEIT ist universell. Egal, wie wir aufgewachsen sind, welche Ausbildung wir bekommen haben, wie wir konditioniert sind, egal sogar (ob ihr es glaubt oder nicht), wie schlecht unsere Eltern uns behandelt haben – wir sind trotzdem imstande, diese WAHRHEIT zu erkennen. Sogar ihr, und zwar noch in eurer jetzigen Lebenszeit.

Manche von euch denken: »Ich werde es niemals in einem Leben schaffen: Ich werde zahlreiche Leben brauchen!« Aber in jedem Augenblick ist es nur den Bruchteil eines Wimpernschlags entfernt. Ihr könnt in eine völlig falsche Richtung gehen, euch dann umwenden, und schon ist es da. Es ist nie weiter entfernt als dieser Augenblick, als der Boden unter euren Füßen. Es ist direkt vor eurer Nase. Ihr könnt ein völlig verblendeter Besserwisser sein und bereits im nächsten Moment ein Buddha!

Diesen Standpunkt vertritt auch die Schule der plötzlichen Erleuchtung. Bevor er erleuchtet wurde, genoß Tokusan als Kenner des *Diamant-Sūtra* so großes Ansehen, daß die Leute ihn als »Diamant-Lehrer« bezeichneten. Er glaubte, daß es vieler Leben bedarf, ein Buddha zu werden, und daß alle, die behaupten, man könne innerhalb eines Augenblicks erleuchtet werden, Häretiker seien. So begab er sich auf eine Reise, um sich mit ihnen allen zu messen, und wurde von Meister Ryūtan besiegt. In dem Augenblick, da der Meister im Dunkeln eine Kerze ausblies, erlebte Tokusan ein plötzliches Erwachen. Daraufhin verbrannte er all seine Sūtras.

Ungeachtet aller Vorurteile gibt es kein einziges Individuum, das unfähig zu plötzlichem Erwachen wäre. Es hängt einzig davon ab, wie verzweifelt ihr es euch wünscht, wie entschlossen ihr seid. Mit großer Entschlossenheit könnt ihr es, mit geringer Entschlossenheit nicht. Der verzweifelte Narr wird es schaffen, der eingebildete Scharlatan nicht. Wer alles zusammenhält, wer eine Fassade, einen Anschein von Gleichmut aufrechterhält, wer nicht willens ist, vollkommen loszulassen, wird die Erleuchtung nicht schaffen. Wer bereit ist, aufzugeben, Körper und Geist loszulassen, der wird erwachen; wer indes festhält, wird es nicht. Laßt einfach alles los.

Und diese Wahrheit ist jenseits von Ausdehnung
oder Zusammenziehung in Zeit und Raum;
in ihr währt ein einziger Gedanke zehntausend Jahre.

Wir können zu dieser WAHRHEIT nichts hinzufügen, und wir können nichts davon wegnehmen. Sie ist jenseits von Wissen und jenseits von Nicht-Wissen. Sie ist jenseits von Dies und Das, jenseits von Vergangenheit und Zukunft, hier und jetzt. Sie ist nicht irgendwo anders, aber sie ist auch nicht hier. Wenn ihr sie kennt, habt ihr sie bereits verfehlt. Wenn ihr sie nicht kennt, wird es auch niemals geschehen. Und dennoch macht jeder von uns die ganze Zeit davon freien Gebrauch.

Das heißt, daß jeder von uns bereits frei ist. Die WAHRHEIT funktioniert genau jetzt. Aber sobald ihr versucht, sie zu ergreifen, entzieht sie sich euch. Wenn ihr euch von ihr abwendet, werdet ihr sie niemals finden. Was könnt ihr machen? Seid sie einfach.

13. Leere Unendlichkeit

Leerheit hier, Leerheit dort,
aber das unendliche Universum steht
immer vor deinen Augen.
Unendlich groß und unendlich klein;
kein Unterschied, denn alle Definitionen sind verschwunden
und keine Grenzen sind zu erkennen.
Das gleiche gilt für Sein und Nicht-Sein.
Verschwende keine Zeit in Zweifel und Streit,
die damit nichts zu tun haben.

Leerheit hier, Leerheit dort,
aber das unendliche Universum steht
immer vor deinen Augen.

Das erinnert mich an Rinzais vier Thesen. Die erste lautet, daß alle Dharmas leer sind. Es ist relativ einfach, davon eine Ahnung zu bekommen: Die Welt, in der wir leben – alles – ist leer. Nachdem ich das klar erkannt hatte, blieb nichts mehr zurück als der Dharma, als die *Praxis*. Die Welt, alles, was ich tat, alles, wonach ich suchte, all meine Ambitionen und Sehnsüchte, alles, was ich wollte, war ganz und gar leer und ohne Zweck. Die Art und Weise, wie wir unser Leben geführt haben, wie wir geschult und daran gewöhnt werden, nach allen möglichen Dingen zu suchen: einem Namen, Reichtum, Glück, Status – das alles ist von jeglicher Bedeutung leer.

Rinzais zweite These lautet, daß das Selbst, eben dieser Körper leer sei: keine Selbst-Natur, kein Wesen, nur klarer Raum. Nichts, woran man sich anklammern und das Ich genannt werden könnte, also niemand, der sich aufregen könnte; niemand, der wütend werden oder Angst haben könnte.

Die zweite Stufe besteht darin, das zu erkennen und zu verwirklichen.

Auf der dritten Ebene gilt es dann zu erkennen, daß alles zusammen – alle Dharmas und Körper, jeglicher Geist – leer ist. Das ist genau der Zustand, den wir als *Großen Tod, Dai Kenshō,* bezeichnen. Und wenn wir viertens den *Großen Tod* sterben, wenn wir alle Dharmas und das Selbst als leer erfahren, dann erleben wir zugleich die sogenannte große Wiedergeburt oder die große Befreiung: neues Leben – Leben, das ungeboren ist und unsterblich, vollkommene Freiheit.

Diese vier Themen legen genau das dar, was auch der Dritte Patriarch sagt: »Leerheit hier, Leerheit dort« bedeutet, das Selbst ist leer, und alle Dharmas sind leer. Und wenn das leere Universum »immer vor euren Augen steht«, dann ist das die große Wiedergeburt. Manche von euch kommen zum *Daisan* und sagen: »Nichts existiert.« Ich sage dann: »Zeig mir dies Nichts.« Schaut euch doch um: Leute, Teppich, Altar, Blume, Bäume, Land. Wohin auch immer ihr geht, dort ist das unendliche Universum. Dieses unendliche Universum, alle Dinge, alles, was ihr seht, ist Nichtsheit; aber man kann das Nichts nicht von dem Etwas trennen. Unser Denken ist so verrückt. Wir möchten die Leerheit von Form, Formlosigkeit von Form trennen. Formlosigkeit ist Form. Form ist Formlosigkeit. Alle Dharmas, alle Dinge sind leer. Das unendliche Universum, sämtliche Planeten, all die Sterne, der ganze Kosmos – alles leer, ungeheuer klein, unendlich winzig – Null!

Das ist ja das Schöne: Wohin wir auch gehen, es kommt immer aufs gleiche hinaus. Wenn ihr euren Geist erweitert, bis er das ganze Universum einschließt, wenn ihr ihn unendlich weit macht, hat er kein Außen, keine Grenzen. Er ist grenzenlos, ohne Beschränkungen, unendlich. Das ist Null, das ist Nichts. Es hat auch kein Innen, kein Selbst, keine getrennte Natur. Oder geht in das gegenteilige Extrem: Konzentriert euren Geist ganz auf eine Sache. Richtet ihn wie ein Vergrößerungsglas auf einen winzigen Punkt. Reduziert diesen Punkt dann so lange, bis nichts mehr übrigbleibt: Dann habt

ihr alle Dinge, ein unendliches Universum, eine leere Unend-
lichkeit vor Augen.

Das ist unser essentielles Wesen. Wo wohnt diese Essenz? Wir
sagen, sie hat keinen Wohnort, aber wo ist dieser Ort des
Nichtwohnens? Alle Dinge, diese Form, dieser Körper. Das
unendliche Universum steht immer vor euren Augen.
Schließt eure Augen: Werdet nichts! Öffnet eure Augen: Da
ist das Universum. Ihr könnt es nicht loswerden. Manchmal
möchten wir das Universum auslöschen. Wir hören von Leerheit oder erfahren Leerheit und bilden uns ein, wir könnten
alles auslöschen.

Unendlich groß und unendlich klein;
kein Unterschied, denn alle Definitionen sind verschwunden
und keine Grenzen sind zu erkennen.

Das ist das eigentliche Ziel des *Sitzens:* sämtliche Definitionen loszulassen. Wir sind so sehr damit beschäftigt zu definieren: uns selbst zu definieren, unsere Standpunkte, unsere
Arbeit, unsere Worte. Was sind Worte: Worte sind die Gefängniszelle, in der wir wohnen. Wir sagen, Zen sei jenseits
der Wörter und Buchstaben, weil wir Wörter dazu verwenden, uns selbst einzukerkern. Viele Kōan geben uns Gelegenheit, uns von den Fesseln der Worte zu befreien.

Wir verbeißen uns in ein Wort oder eine Phrase, und dann
sind wir nicht frei. Zum Beispiel: »Wie würdest du essen oder
Tee trinken, ohne deine Lippen zu benutzen?« Würdet ihr es
mit einem Strohhalm probieren? Einige von euch wahrscheinlich ja. Da fällt mir ein Kōan ein, das ich mir ausge-
dacht habe: »Wie kommst du aus diesem Zimmer, ohne deine
Hände zu benutzen?« Einige Lösungsversuche waren wundervoll: »Füße oder die Ellbogen benutzen oder sogar den Mund,
hochspringen und zuschnappen und versuchen, den Tür-
knauf zu drehen.«

Wie wir uns in Worte verbeißen können? Nehmt nur das
Kōan »Mit leeren Händen einen Stock haltend« als Beispiel.
Wie können wir leere Hände haben und trotzdem einen

Stock halten? Das ist völlig widersprüchlich. Worin besteht unsere Angst? Wenn ich mein Universum nicht eindeutig definiert habe, wie ist dann meine Beziehung dazu? Das Wort *beziehen* selbst ist das Problem. Ich kann mich nämlich nur auf etwas anderes, als ich selbst bin, beziehen. Viele Kōan haken genau dort ein, etwa: »Was ist der Klang einer Hand?« Eine der Prüfungsfragen lautet: »Wie schneidest du die eine Hand entzwei?« Ich habe immer Angst, daß mir irgend jemand eines Tages ein paar amputierte Finger vorzeigt oder hereinkommt und seine Hand zerhackt. Dann müßte ich es dem Betreffenden reflektieren und antworten: »Nein, falsch.«

Irgendwer hat einmal gesagt, das ganze Universum sei nichts als ein einziges großes Schwert – Mañjushrīs Schwert. Mañjushrī ist der Bodhisattva der Weisheit. Sein Schwert durchschneidet alle Verblendung und bringt allen Wesen die Erleuchtung. Allerdings gab es eine Person, die Mañjushrī niemals erleuchten konnte. Und wer war das? Glaubt ihr vielleicht, daß ihr es seid? Nein, es war Vimalakirti, ein Laie, dessen spirituelle Errungenschaften unübertroffen waren. Vimalakirti war krank, und Buddha bat all seine Schüler, ihn aufzusuchen und nachzusehen, was er hätte. Also machten sie sich einer nach dem anderen auf den Weg und lieferten sich ein Dharma-Gefecht mit Vimalakirti. Als Mañjushrī Vimalakirti fragte, warum er krank sei, erwiderte dieser: »Alle Lebewesen sind krank, deshalb bin auch ich krank. Meine Krankheit wird so lange dauern, wie es Unwissenheit und Selbstfixierung gibt. Solange noch Wesen krank sind, werde auch ich selbst krank bleiben. Wenn alle Wesen von der Unwissenheit befreit sind, dann wird auch der Bodhisattva von Krankheit frei sein. Denn Bodhisattvas schätzen Wesen wie ihre eigenen Kinder. Die Krankheit des Bodhisattva hat ihren Ursprung im großen Mitgefühl.«

Wir müssen gesund genug werden, um zu erkranken. Solange wir noch versuchen, stark zu sein und uns zu verteidigen, können wir nicht zulassen, daß wir krank werden. Wir zwingen uns selbst, gesund zu bleiben, weil wir uns nicht stark genug fühlen, verletzlich zu sein; wir können es nicht ertragen, schwach zu erscheinen. Vimalakirti in seinem großen Mitgefühl dagegen, blieb krank.

Kanzeon oder Kannon, die Verkörperung des Mitgefühls, ist genauso. Weil alle Lebewesen verblendet sind, bleibt auch Kanzeon verblendet. Verblendung ist ein Konzept, Erleuchtung ein anderes; gesund ist ein Konzept, krank ein anderes. Wir suchen nach Gesundheit und bemühen uns, Krankheit zu meiden. Wir suchen Erleuchtung und bemühen uns, Verblendung zu meiden. Doch das sind alles nur Konzepte!

Ohne Konzepte sind wir grenzenlos, undefiniert, und unsere größte Angst ist es, ohne Grenzen zu leben, ohne Definitionen. Natürlich sind wir verletzlich, wenn wir keine Grenzen haben. Alles und jeder kann zu uns hereinkommen. Es gibt keine Trennungen, keine Barrieren mehr, um uns zu schützen. Deshalb errichten wir persönliche Grenzen, um uns vor Menschen, vor Dingen, vor Krankheiten, vor Unfällen und schließlich vor dem Tod zu schützen. Zuerst definieren wir uns: *ich* im Gegensatz zu *dir, ich* im Gegensatz zu *nicht-ich*. Dann befestigen wir die Grenze und bauen die Mauer immer höher und mächtiger. Schon bald haben wir uns mit einer richtig dicken Mauer umgeben. Wir sind jetzt vor dem *Nicht-Ich* völlig geschützt.

Eines Tages drehen wir uns um und erkennen, was wir angestellt haben: Wir haben uns selbst eingesperrt und stecken innerlich fest. Dann überlegen wir: »Wie bin ich in dieses Gefängnis hineingeraten? Wer hat mir das angetan? Wer sind die Schuldigen?« Wir fragen uns, warum wir nichts fühlen, ja, die Dinge nicht einmal richtig sehen, schmecken oder riechen können. Als ich das zum erstenmal begriff, war ich erstaunt: Ich hörte das Universum zum erstenmal. Und all die Klänge! Ich hatte bis dahin nicht einmal gewußt, daß sie überhaupt da sind, weil ich eine Nebelwand zwischen mir und der Welt errichtet und in dieser Erbsensuppe gelebt und mich darin gesuhlt und durchgewurstelt hatte, ohne wirklich etwas zu sehen oder zu hören.

Ziel der *Praxis* ist es, diese Mauer niederzureißen. Zuerst versuchen wir, sie im Sturm zu nehmen, doch dann stellen wir fest, daß sie hart wie Zement oder Eisen ist. Wir müssen immer wieder vergeblich gegen sie anrennen, bis wir merken, wie extrem dick diese Mauer wirklich ist. Wir versuchen es wieder und wieder und wieder, aber es nützt nichts, wir kommen offenbar keinen Schritt vorwärts. Schließlich – nachdem wir uns so sehr bemüht haben – wenden wir uns um und stellen fest, daß wir zur gleichen Tür hinausgehen können, durch die wir hereingekommen sind. Das heißt, wir begreifen, daß wir die Mauer in unserem Geist selbst errichtet haben, indem wir uns selbst definiert und etikettiert haben. Wenn wir aufhören, Vorstellungen von uns selbst zu schaffen, ist plötzlich auch keine Barriere mehr da. Die Mauer ist von Anfang an unwirklich gewesen. Das ist auch die Bedeutung des Titels der berühmten Kōan-Sammlung *Mumonkan:* »Torlose Schranke«. Es hat nie eine Mauer, nie eine Barriere, nie etwas gegeben, durch das wir hätten hindurchgehen müssen.

Und doch haben wir am Anfang gewisse Durchbruchs-Erlebnisse. Etwas fällt von uns ab, und es stellt sich für einen Moment ein Gefühl der Freiheit, des Friedens, der Befreiung ein. Natürlich suchen wir augenblicklich nach dem nächsten Durchbruch. Damit sind wir in eine Berg-und-Tal-Bahn geraten; wir werden richtig süchtig. Wir strengen uns mehr an, und je mehr wir uns anstrengen, um so mehr merken wir, daß wir nirgendwo hinkommen. Jetzt erst glauben wir, daß es etwas gibt, wo wir durchbrechen müssen. Wir erinnern uns an das Gefühl der Freiheit, das sich einstellte, als wir etwas abgeworfen haben, und möchten das wiederholen, ob es nun auf dem Gipfel eines Berges, am Ufer eines Flusses oder des Ozeans oder sonstwo stattgefunden hat. Und so versuchen wir es immer wieder – vergeblich –, und eines Tages halten wir in unserer Anstrengung inne und entspannen uns, und dann geschieht es abermals. Und dann wollen wir es dauernd tun.

Merkt ihr, wie gierig wir sind? Wir möchten, daß dieser Zustand immer währt – wie John Lennon, der ständig LSD nahm, um niemals wieder nüchtern zu werden. Nach etlichen hundert LSD-Trips mußte er schließlich aufhören, und wo landete er dann? Genau wieder im Gefängnis, nur eben nach einigen Hunderten von Trips. Wenn man die Dinge nicht mag, wie sie sind, wenn man mit dieser lausigen, verblendeten Welt nicht zufrieden ist, so ist das Ausdruck einer dualistischen Grundhaltung. Wenn wir angenehme Erfahrungen machen, dann wollen wir davon immer mehr. Das ist damit gemeint, drei Becher des besten Weins getrunken zu haben, und doch sind unsere Lippen noch nicht befeuchtet.

Die Tochter des Kaisers Wu, eine Schülerin Bodhidharmas, hat einmal gesagt: »Nachdem ich es einmal erblickt hatte, habe ich mich nie mehr danach umgewandt.« Mit anderen Worten: »Ich bin der Erfahrung nicht mehr nachgelaufen.« Aber wer ist schon in der Lage, alles Suchen so *vollständig* aufzugeben? Könnt ihr die Suche jedoch schon nicht aufgeben, dann verschreibt euch ihr total. Was geschieht, wenn ihr etwas völlig rückhaltlos tut? Wenn ihr euch rückhaltlos dem Leiden unterwerft, was geschieht dann mit eurem Leiden? Es verschwindet. Wenn ihr wütend seid, und zwar total wütend und von eurer Wut nichts zurückhaltet, was passiert dann mit der Wut? Sie löst sich ganz einfach auf.

Was geschieht also, wenn ihr rückhaltlos sucht, hundertprozentig? Das Suchen verschwindet. Und dann meint ihr, ihr hättet etwas falsch gemacht. »Ich habe mich nicht genug angestrengt. Vielleicht beim nächsten *Sesshin* ...« Entscheidend ist: Sei eins! »Nicht zwei« ist vielleicht noch eine bessere Art, es auszudrücken. Was immer auch geschieht, seid eins damit, trennt euch nicht davon ab, spaltet euch nicht in zwei Teile.

Es gibt ein Kōan, das lautet: »Alle Dharmas sind nichts als Geist. Wo suchst du den Geist?« »Wo ist dieser Geist? Wo ist er nur hin? ... Vor einer Minute war er noch da!?« Genau so verhalten wir uns: Wir haben einen kleinen Geschmack von etwas, dann fangen wir sofort an, danach zu suchen, wollen ihn unbedingt wiederhaben, anstatt ganz einfach mit unserer Verblendung, unserem Leiden eins zu sein. Warum machen wir es uns so schwer? Warum wollen wir, daß es immer noch besser wird?

Das gleiche gilt für Sein und Nicht-Sein.
Verschwende keine Zeit in Zweifel und Streit,
die damit nichts zu tun haben.

Sein oder Nicht-Sein war für mich eine wichtige Frage: »Existiere ich oder nicht?« Unser rationales Denken sieht es natürlich nur als Entweder-oder: Entweder wir existieren, oder wir existieren nicht. Wenn wir lange genug *sitzen,* fangen wir an zu erkennen: »Vielleicht existiere ich nicht.« Dann schauen wir uns um und überlegen: »Aber was bewegt sich, was hört, was sieht, was läuft umher? Irgend etwas muß dies alles ja tun. Folglich muß ich doch existieren.« Aber in unseren flüchtigen Ahnungen, unseren kleinen Erfahrungen existiert nichts. Nichts! Unser logisches Denken kann diese beiden Gesichtspunkte einfach nicht zusammenbringen. Entweder wir existieren, oder wir existieren nicht. Wir versuchen ständig, es herauszufinden, zu verstehen, zu wissen. Entscheiden wir uns für Sein oder Nicht-Sein, Kommen oder Gehen? Leben oder Tod?
Wir glauben, daß das Leben und der Tod getrennte Erscheinungen sind. Wir betrachten Leben und Tod nie als ein und dasselbe. Das wäre unlogisch. Da ist nur ein Problem, ein kleines Problem: Die Wirklichkeit ist nicht logisch. Die Wahrheit ist nicht rational – nur unser Geist funktioniert so. Wir sind so egoistisch, so arrogant, daß wir die Wirklichkeit zu einer Vorstellung machen wollen, das Leben auf ein logisches Konzept reduzieren wollen. Wir sind unentwegt damit beschäftigt, ein Konzept von der Wahrheit zu finden, aber die Wahrheit ist das, was übrigbleibt, wenn wir alle Konzepte fallenlassen. Dann gibt es nur noch Kratzen, wenn es juckt.

14. In diesem Vertrauen leben

Ein Ding, alle Dinge,
alles zusammen und durcheinandergemischt,
ohne Unterscheidung.
In dieser Verwirklichung leben
heißt, ohne Angst vor Unvollkommenheit sein.
In diesem Vertrauen leben ist der Weg zur Nichtdualität,
weil das Nichtduale eins ist mit dem vertrauenden Geist.

Worte!
Der WEG ist jenseits von Sprache,
denn auf ihm gibt es
    kein Gestern,
    kein Morgen,
    kein Heute.

Ein Ding, alle Dinge,
alles zusammen und durcheinandergemischt,
ohne Unterscheidung.

Wenn wir unser dualistisches, unterscheidendes Denken abstreifen, wenn wir Grenzen und Etiketten fallenlassen, dann
ist alles, wie es ist: in ständiger Veränderung, Bewegung
begriffen, sich vermischend, untrennbar! Wir bezeichnen das
im Buddhismus als Indras Netz: Alles hängt wechselseitig mit
allem zusammen und spiegelt alles andere.

In dieser Verwirklichung leben
heißt, ohne Angst vor Unvollkommenheit sein.

Wir verfangen uns in dem Versuch, vollkommen zu sein.
Wenn wir wirklich Vertrauen in unsere *Praxis* haben, dann
können wir uns vollkommen in unser *Zazen* hineinstürzen,

ohne zu versuchen, irgend etwas zu werden, etwas zu erreichen oder etwas abzuschütteln.

Manchmal sagen wir, diese *Praxis* habe das Ziel, das Leiden zu überwinden oder uns vom Elend zu befreien. Vielleicht ist das der Grund, weshalb wir *sitzen,* weil unser Leben sehr unbefriedigend war und einsam, voller Depressionen, Sorge, Angst und schmerzlicher Situationen, und weil wir das alles einfach loswerden wollen. Aber schon der Wunsch, etwas loswerden zu wollen, ist falsches Verständnis. Weshalb schätzen wir diese verschiedenen Zustände nicht? Was wäre das Leben ohne enttäuschende, langweilige, ja sogar schmerzliche Momente?

Wenn wir essen, würzen wir die Speisen manchmal gern. Wie Gewürze machen auch diese unerfreulichen Umstände das Leben interessant. Manchmal sind wir verstimmt, manchmal verärgert, manchmal begiestert, manchmal niedergeschlagen. Warum *sitzen* wir hier und versuchen, diese verschiedenen Gefühle zu verachten und zu vermeiden? Ladet sie ein und heißt sie willkommen, in dem Bewußtsein, daß es unsere *Praxis* ist, alles ganz zu erleben, völlig eins zu sein mit allem, was uns begegnet.

Warum so wählerisch? Sollen denn nur gute Gefühle, gute Gedanken, Freude, aufkommen? Selbst wenn das möglich wäre, wäre eine solche Einstellung eine miese *Praxis. Sitzt,* ohne dies oder jenes zu bevorzugen, seid offen für alles, was auftaucht. Wir haben so vieles so lange unterdrückt und ständig versucht, die Kontrolle zu behalten, haben sogar manchmal Angst gehabt, wir könnten vielleicht jemanden umbringen, daß wir wie wandelnde Vulkane herumlaufen. Wenn wir uns jedoch wirklich öffnen, unsere Herzen öffnen, dann kommt all das ganz einfach hoch, was reif ist, in uns aufzusteigen. Wenn wir es nur vollständig erfahren, eins damit sind, dann ist alles in Ordnung: Wir können uns entspannen und es einfach freigeben.

Während des ersten Jahres meiner *Praxis* lebte ich ein ganzes Jahr allein in einer Hütte in den Bergen und hatte nur gelegentlich einen Besucher. Diese Leute fragten mich meistens, ob ich mich einsam fühle, aber ich hatte in meinem Leben schon so viele Leute um mich gehabt, daß ich jetzt Sehnsucht danach hatte, allein zu sein, und mich wirklich darüber freute. Aber irgendwie bekommt man in unserer Gesellschaft die Vorstellung vermittelt, daß man das Alleinsein nicht genießen kann. Nach einer langen *Sitz*-Periode trank ich abends nach Sonnenuntergang ein bißchen Wein und war nur mit mir allein. Das war eine zutiefst erfreuliche Erfahrung und die einzige Zeit in meinem Leben, in der ich Gedichte schrieb. Aber auch eine Menge Wut stieg in mir auf. Es war einfach furchtbar. Ich mußte akzeptieren, daß es sich um meine eigene und sonst niemandes Wut handelt. Aber nachdem ich sie einmal angenommen hatte, verwandelte sich diese Wut in positive Energie, Kraft für *Zazen*. Zu unserer *Praxis* gehört es, daß man alle Dinge entwickelt und nicht versucht, etwas zu vermeiden oder auszuschließen. Alles-einschließende-*Praxis* – das bedeutet *Shikantaza*.

Gebt den Versuch auf, vollkommen zu werden. Ist euch bewußt, daß das, was die meisten Leute am besten an euch finden, eure Unvollkommenheit ist? Als ich noch Lehrer war, hatte ich manchmal den Eindruck, daß es Klassen gab, in denen fast nur Engel saßen. Aber ich schien immer die Teufel zu bekommen. Ich gebe zu, ich habe sie angespornt. Sie waren viel interessanter, farbenfroher als die Engel. Meine Lieblingsschüler waren die, mit denen ich am meisten Schwierigkeiten hatte. Ich kann mich bis heute an ihre Namen erinnern, aber nicht mehr an die der Engel.

Fehlerlos zu sein heißt noch lange nicht, vollkommen zu sein. Wenn jemand ein vollkommener Engel ist, dann ist daran etwas faul. Maezumi Rōshi hat gesagt, daß man krank ist, wenn man nach den Geboten leben möchte und sich auch noch einbildet, daß man sie wirklich einhält. Denn genau da brecht ihr mit eurer Arroganz die Gebote. Wenn ihr glaubt, ihr seid vollkommen, dann ist etwas nicht in Ordnung.

Vertraut auf das, was ihr seid, und *sitzt* nicht, um Vollkommenheit zu erlangen. *Sitzt,* weil das eure wahre Natur ist, die, wenn ihr *sitzt,* verwirklicht ist; das ist Grund genug, es zu tun. Mit anderen Worten: Ihr *sitzt* nicht, um erleuchtet zu werden, sondern vielmehr, weil ihr bereits erwacht seid.

Aber ist es wirklich genug, nur zu *sitzen?* Ich behaupte nicht, daß wir uns nicht um mehr Klarheit unseres Verstehens bemühen sollten, aber selbst dieses Bedürfnis nach Klarheit wird an einem bestimmten Punkt zu einem Hindernis. Geht also noch einen Schritt darüber hinaus: *Sitzt* und seid ganz einfach eins mit dem Wirrwarr. Versucht nicht, die Verwirrung oder Verblendung loszuwerden; versucht nicht, Erleuchtung zu erlangen oder zu verstehen.

Zu Beginn unserer *Zazen-Praxis* denken wir, daß wir etwas begriffen haben und wissen, wohin wir gehen, aber wenn wir dann weiter voranschreiten, haben wir den Eindruck, weniger und weniger zu wissen. Und nach ein paar Jahren scheinen wir – so sehr wir auch wirklich wissen möchten – überhaupt nicht mehr viel zu wissen. Geht über Wissen und Nicht-Wissen hinaus. Unterwegs gibt es Punkte, an denen wir nicht wissen und sogar nicht denken, daß wir wissen, und dann gibt es den Punkt an dem wir über Wissen und Nicht-Wissen hinausgehen, an dem wir ganz klar wissen, daß wir nichts wissen und unmöglich etwas wissen können. Wenn ihr diese Art von Wissen habt, könnt ihr wirklich mit absoluter Sicherheit sagen: »Ich weiß *nicht!*« Und dann wißt ihr, was alle erleuchteten Meister gewußt haben. Das nennt man wahres Sehen mit dem Nicht-Geist. Und was ist dieser Nicht-Geist? Genau dieser Geist: euer Leben und eure *Praxis* – sie sind nichts Getrenntes.

Wir haben manchmal Angst, daß wir unseren Antrieb und unsere Entschlossenheit verlieren und schließlich unsere *Praxis* aufgeben könnten, wenn wir loslassen, woran wir uns ständig anklammern, nämlich das Ziel, etwas Besonderes zu werden – und voll und ganz akzeptieren, daß es unsere *Praxis* ist, ganz gewöhnlich zu werden. Tatsächlich klammern wir uns an ein verblendetes Ziel, um unsere *Praxis* aufrechtzuerhalten! Erst wenn wir dieses Ziel aufgeben, können wir verstehen, es gibt keine Möglichkeit, damit aufzuhören. Selbst wenn wir nie mehr auf einem Kissen *sitzen* würden, würde die *Praxis* weitergehen. Wie können wir den Fortgang unseres Lebens aufgeben? Leben und *Praxis* sind eins – auf dem Kissen und jenseits des Kissens.

Wenn ich jetzt aufhören würde zu *sitzen* und statt dessen wieder zu schwimmen anfinge, wäre ich noch immer derselbe Mensch und auch nicht schlechter dran. Aber mit so einer offenen Haltung gibt es überhaupt keine Möglichkeit, mit dem *Sitzen* aufzuhören. Ihr könnt also die Angst, daß ihr aufhören könntet, loslassen. Wenn ihr aber deshalb keine Angst mehr habt, braucht ihr nicht mehr aus einem bestimmten Grund zu *sitzen* und müßt auch kein Ziel und keinen Zweck mehr erfinden, um euch selbst zu motivieren. Dann könnt ihr wirklich einfach *sitzen* oder einfach ausruhen oder einfach saubermachen oder einfach arbeiten und braucht nicht mehr nach Vollkommenheit zu streben.

Wenn ihr beim *Sitzen* nicht mehr nach Vollkommenheit strebt, wird sich die Vollkommenheit von ganz allein als wahre Vollkommenheit erweisen, das heißt als jene absolute Vollkommenheit, die über relative Vollkommenheit hinausgeht und die Unvollkommenheit einschließt. Sie schließt all eure Stimmungen ein: Wenn ihr traurig seid, die Traurigkeit, wenn ihr einsam seid, die vollkommene Einsamkeit, wenn ihr glücklich seid, das vollkommene Glücklichsein. Was ist daran so schwierig? Wir müssen nur all unsere »Du sollst« oder »Du sollst nicht« aufgeben.

> In diesem Vertrauen leben ist der Weg zur Nichtdualität, weil das Nichtduale eins ist mit dem vertrauenden Geist.

Am Beginn der *Praxis* ist das Vertrauen das Allerwichtigste, in der Mitte ist Vertrauen das Allerwichtigste, und am Ende ist Vertrauen noch immer das Allerwichtigste. In diesem Vertrauen zu leben heißt, ein ungespaltenes, nichtduales Leben zu leben, ungespalten zu leben bedeutet, in diesem Vertrauen leben. Was ich hier Vertrauen nenne, bedeutet Vertrauen in oder Glauben an einen bestimmten Menschen oder eine Sache. Unser Vertrauen in Nichts* ist mehr der Mut, die Courage, Angst zu überwinden und uns rückhaltlos in das hineinzustürzen, was gerade ansteht. Wenn es Zeit ist, eine Arbeit oder Pflicht zu erledigen, wird es zum Spiel, wenn wir uns der Sache voll hingeben und uns selbst von ganzem Herzen an sie weggeben. Mit allem, was wir tun, eins zu sein, also ungeteilt oder nichtdualistisch zu leben, bedeutet Freiheit von Furcht und Angst.

Der Ausdruck des ungespaltenen Lebens ist das Mitgefühl. Wenn ihr wahrhaft in Nichtdualität lebt, warum solltet ihr dann jemand anderen verletzen wollen? Das wäre, als würdet ihr eure eigenen Arme oder Beine abschneiden. Wenn wirklich etwas amputiert werden muß, so tut ihr es, aber ihr lauft nicht herum und verletzt absichtlich unnötigerweise Teile eures Körpers.

Worte!
Der WEG ist jenseits von Sprache,
denn auf ihm gibt es
    kein Gestern,
    kein Morgen,
    kein Heute.

Erstarrt nicht in Worten und Konzepten. Ich muß zwar in meinen Vorträgen Worte benutzen, aber haltet euch nicht an diesen Worten fest. Laßt sie so schnell gehen, wie sie gekommen sind. Wenn die Worte etwas in euch entzünden, gut – wenn nicht, auch gut. Wie auch immer, klammert euch nicht an Worte. Wenn ich einen Schüler frage, wie der Vortrag gewesen sei, ob ihm etwas besonders zugesagt habe, und er sagt, daß er sich nicht erinnern könne, so ist das völlig in Ord-

---

* Engl. no-thing, »Nicht-Ding« (Anm. d. Übers.).

nung. Ich erinnere mich auch nicht. Ich kann mich hinterher nur noch an das Gefühl erinnern, daß ich den Vortrag gut oder schlecht gefunden habe, dagegen nie mehr an den Wortlaut. Ich lasse die Worte einfach durch mich hindurchgehen wie den Wind, der durch den klaren und leeren Himmel weht.

Der Text des Hsin-hsin-ming

Gedicht vom Vertrauens-Geist
von Sosan Zenji, dem Dritten Patriarchen*

Der Erhabene Weg ist nicht schwer
für den, der frei von Vorlieben ist.
Bist du ohne Liebe und Haß,
wird alles klar und unverhüllt.
Machst du jedoch nur die kleinste Unterscheidung,
dann sind Himmel und Erde unendlich getrennt.
Willst du die Wahrheit sehen,
dann sei ohne Meinung für oder gegen etwas.
Das, was du magst, gegen das zu stellen, was du nicht magst,
ist die Krankheit des Geistes.
Wird die tiefe Bedeutung der Dinge nicht erkannt,
so wird der Friede des Geistes nur nutzlos gestört.

Der Weg ist vollkommen wie der weite Raum,
es gibt kein Zuwenig und kein Zuviel.
Wirklich, nur Ergreifen und Verwerfen sind der Grund,
warum wir das wahre Wesen der Dinge nicht erkennen.
Lebe weder in Verstrickung mit den äußeren Dingen
noch in der Vorstellung innerer Leerheit.
Sei heiter in der Einheit der Dinge,
und solche irrigen Ansichten verschwinden von selbst.
Wenn du versuchst, Aktivität zum Stillstand zu bringen, um
    Passivität zu erlangen,
erfüllt dich schon dieses Bemühen mit Aktivität.
Solange du in einem der Extreme weilst,
wirst du die Einheit nie kennen.

---

* Der englische Text der Originalausgabe basiert auf der Übersetzung
  Richard B. Clarkes aus dem Chinesischen.

Wer nicht den einzigen WEG lebt,
verfehlt beides: Tätigkeit und Untätigkeit,
Behauptung und Verleugnung.
Die Wirklichkeit der Dinge leugnen
heißt ihre Wirklichkeit verfehlen;
die Leerheit der Dinge behaupten
heißt ihre Wirklichkeit verfehlen.
Je mehr du darüber sprichst und nachsinnst,
um so weiter entfernst du dich von der Wahrheit.
Hör auf, zu reden und zu denken,
dann gibt es nichts, was du nicht wissen kannst.
Zur Wurzel zurückzukehren heißt den Sinn entdecken,
doch den Erscheinungen nachzujagen heißt den Ursprung
    verfehlen.
Der Augenblick der inneren Erleuchtung
liegt jenseits von Erscheinung und Leerheit.
Die scheinbaren Wandlungen in der Welt der Leerheit
erscheinen uns nur aus Verblendung wirklich.
Suche nicht nach der Wahrheit;
höre nur auf, Meinungen zu hegen.

Verharre nicht in dualistischen Anschauungen;
vermeide sorgsam, ihnen zu folgen.
Gibt es auch nur eine Spur
von Dies und Das, von richtig und falsch,
geht der Geist in Verwirrung verloren.
Obwohl alle Zweiheit aus dem *Einen* kommt,
darfst du auch nicht dem *Einen* anhängen.
Wenn der Geist auf dem WEG ungestört weilt,
kann nichts auf der Welt mehr verletzen,
und wenn etwas nicht mehr zu verletzen vermag,
hört es auf, auf die alte Weise zu sein.

Wenn keine unterscheidenden Gedanken aufsteigen,
hört der alte Geist auf zu existieren.
Wenn die Gedanken-Objekte verschwinden,

verschwindet auch das denkende Subjekt,
und wenn der Geist verschwindet, verschwinden die Objekte.
Die Dinge sind Objekte, weil es ein Subjekt gibt, einen Geist;
und der Geist ist ein Subjekt, weil es Objekte gibt.
Erkenne die gegenseitige Abhängigkeit von beiden
und die grundlegende Wirklichkeit: Einheit in der Leerheit.
In dieser LEERHEIT ist beides ununterscheidbar,
und jedes von beiden enthält in sich die ganze Welt.
Wenn du nicht zwischen grob und fein unterscheidest,
wirst du nicht zu Vorurteil und Meinung verführt.

Den Erhabenen Weg zu leben
ist weder leicht noch schwer.
Aber jene, deren Blick begrenzt ist,
sind furchtsam und unentschlossen:
Je mehr sie eilen, um so langsamer kommen sie voran.
Dem Festhalten und Anhaften sind keine Grenzen gesetzt;
selbst das Anhaften an die Idee der Erleuchtung
bedeutet, auf Abwege zu geraten.
Belasse die Dinge einfach, wie sie sind,
und es wird weder Kommen noch Gehen geben.

Folge dem Wesen der Dinge,
und du wirst frei und ungestört wandeln.
Wo der Gedanke in Fesseln liegt, ist die Wahrheit verborgen,
denn alles ist dunkel und unklar.
Die Last des Urteilens
bringt Verdruß und Erschöpfung.
Welcher Nutzen läßt sich ableiten
aus Unterscheidungen und Trennungen?

Willst du den *Einen Weg* erfahren,
so verachte gerade die Welt der Sinne und Vorstellungen nicht.
Wirklich, sie vollkommen zu bejahen
kommt wahrer Erleuchtung gleich.
Der Weise verfolgt keine Ziele,

der Narr hingegen fesselt sich selbst.
Es gibt einen Dharma, nicht viele;
Unterscheidungen entstehen durch das Bedürfnis der
    Unwissenden, sich anzuklammern.
Den *Einen Geist* mit dem unterscheidenden Geist zu suchen
ist der größte Fehler von allen.

Ruhe und Unruhe entstammen der Illusion;
Erleuchtung ist ohne Zuneigung und Abneigung.
Alle Dualitäten entstehen durch Irrtum.
Sie sind wie Träume von Blumen in der Luft:
lächerlich, sie mit den Händen greifen zu wollen.
Gewinn und Verlust, richtig und falsch:
Schaffe solche Gedanken mit einem Mal ab.

Wenn das Auge niemals schläft,
vergehen alle Träume von allein.
Wenn der Geist keine Unterscheidungen trifft,
dann sind die zehntausend Dinge,
wie sie sind – aus einer Essenz.
Das Geheimnis dieser Einen Essenz zu verstehen
heißt, von allen Verstrickungen frei zu sein.
Wenn die Gleichheit aller Dinge gesehen wird,
ist die zeitlose Essenz des Selbst gefunden.
Vergleiche und Analogien sind nicht mehr möglich,
wenn Ursache und Beziehung verschwunden sind.

Betrachtest du Bewegung in Stille
und Stille in Bewegung,
so verschwinden Bewegung und Stillstand zugleich.
Wenn solche Dualitäten zu existieren aufhören,
kann auch die *Einheit* selbst nicht mehr sein.
Auf diese letzte Endgültigkeit
trifft kein Gesetz und keine Beschreibung mehr zu.

Ist der vereinigte Geist in Übereinstimmung mit dem WEG,
endet alles selbstbezogene Streben.
Zweifel und Unentschlossenheit verschwinden,
und ein Leben in wahrem Vertrauen ist möglich.
Auf einen Schlag sind wir von den Fesseln frei;
nichts hängt an uns, und wir hängen an nichts.
Alles ist leer, klar, selbst-erleuchtend,
ohne Anstrengung des Geistes.
Hier sind Denken, Fühlen, Wissen und Vorstellung ohne Wert.
In dieser Welt der *So-heit*
gibt es weder Selbst noch andere.

Willst du in unmittelbare Harmonie mit dieser Wirklichkeit
    gelangen,
sag, wenn der Zweifel kommt, einfach: »Nicht zwei.«
In diesem »nicht zwei« ist nichts getrennt
und nichts ausgeschlossen.
Ganz gleich, wann oder wo,
Erleuchtung heißt, in diese Wahrheit einzutreten.
Und diese Wahrheit ist jenseits von Ausdehnung oder
    Zusammenziehung in Zeit und Raum;
in ihr währt ein einziger Gedanke zehntausend Jahre.

Leerheit hier, Leerheit dort,
aber das unendliche Universum steht
immer vor deinen Augen.
Unendlich groß und unendlich klein;
kein Unterschied, denn alle Definitionen sind verschwunden
und keine Grenzen sind zu erkennen.
Das gleich gilt für Sein und Nicht-Sein.
Verschwende keine Zeit in Zweifel und Streit,
die damit nichts zu tun haben.

Ein Ding, alle Dinge,
alles zusammen und durcheinandergemischt,
ohne Unterscheidung.

In dieser Verwirklichung leben
heißt, ohne Angst vor Unvollkommenheit sein.
In diesem Vertrauen leben ist der Weg zur Nichtdualität,
weil das Nichtduale eins ist mit dem vertrauenden Geist.

Worte!
Der WEG ist jenseits von Sprache,
denn auf ihm gibt es
    kein Gestern,
    kein Morgen,
    kein Heute.

Glossar

Achtfacher Pfad; die vierte der Vier Edlen Wahrheiten, in der → Shākyamuni Buddha den Weg zur Beendigung des Leidens (→ Duhkha) weist. Der Achtfache Pfad besteht aus rechter Einsicht, rechter Absicht, rechter Rede, rechtem Handeln, rechtem Lebensunterhalt, rechter Anstrengung, rechter Achtsamkeit und rechtem → Samādhi.

Anuttara-Samyaksambodhi, Skrt.; höchstes, vollständiges Erwachen.

Arhat, Skrt.; Arhat oder Arahat (Pali) war ursprünglich ein Titel, der Menschen mit hoher spiritueller Vervollkommnung gegeben wurde. Er wurde im frühen Buddhismus auf jene angewendet, die sich vollkommen gereinigt hatten und »nicht mehr lernen« mußten. Der Weg des Arhat wurde später vom Weg des → Bodhisattva unterschieden, bei dem die Betonung auf dem Mitgefühl für andere liegt.

Avalokiteshvara, Skrt. → Kanzeon.

Avatamsaka-Sūtra (eigentlich: Buddhāvatamsaka-Sūtra, Skrt., chin. Hua-yen ching, jap. Kegon Kyō), wörtl.: »Sūtra der Buddha-Girlande«; das → Sūtra gilt als die Lehre → Shākyamuni Buddhas, die in den drei Wochen verkündet wurde, die unmittelbar auf dessen große Erleuchtung folgten. Es erklärt die gegenseitige Abhängigkeit und Durchdringung aller Phänomene und bildet die Grundlage der Lehre der Hua-Yen-Schule; → Indras Netz.

Bankei Yōtaku, jap., 1622–1693; ein sehr populärer Zen-Lehrer, der in sehr direkter und einfacher Sprache lehrte, daß wir bereits der ungeborene → Buddha-Geist sind.

Baso Dōitsu, jap. (für chin. Ma-tsu Tao-i), 709–788; einer der hervorragendsten Zen-Meister, besonders berühmt durch seine vielen verschiedenen Lehrmethoden. Er hatte 139 → Dharma-Nachfolger und ist berühmt für viele Aussprüche und Vorfälle, die inzwischen in Kōan-Sammlungen einbezogen sind; → Kōan.

Bodhidharma, Skrt. (chin. P'u-t'i-ta-mo oder Tamo, jap. Bodaidaruma oder Daruma), um 470–543 (?); Bodhidharma, der achtundzwanzigste → Dharma-Nachfolger von → Shākyamuni Buddha, war der indische Meister, der Zen nach China brachte, wo er

181

als der Erste → Patriarch bekannt wurde. Der Überlieferung nach saß er neun Jahre in einer Höhle, bevor er den → Dharma auf Hui-K'o (jap. → Eka), den Zweiten Zen-Patriarchen Chinas, übertrug (vgl. → Mumonkan, Fall Nr. 41). Folgendes berühmte Vier-Zeilen-Gedicht, das Zen gut charakterisiert, wird Bodhidharma zugeschrieben:

Eine besondere Übertragung außerhalb der Schriften,
unabhängig von Buchstaben und Wort.
Direkt in den Geist des Menschen sehen,
die wahre Natur erfassen und Buddha werden.

Bodhi-Geist; der Geist, in dem eine Bestrebung erwacht ist, Erleuchtung zu erlangen.

Bodhisattva, Skrt., wörtl.: »Erleuchtungswesen«; jemand, der den Buddha-Weg praktiziert und aus Mitgefühl auf endgültige Erleuchtung verzichtet, um anderen zur Erleuchtung zu helfen, das Vorbild im → Mahāyāna-Buddhismus.

Buddha, Skrt., Pali, wörtl.: »Der Erwachte«; ein Begriff, der unterschiedlich angewendet wird, so auf den historischen Buddha → Shākyamuni, auf erleuchtete Menschen, die Buddhaschaft erlangt haben, und auf essentielle Wahrheit, die wahre Natur aller Wesen; → Buddha-Natur.

Buddha-Dharma, Skrt. (jap. Buppō); die wahre Verwirklichung des Lebens; der Weg, dem zu folgen ist, um nach der Lehre → Shākyamuni Buddhas diese Verwirklichung zu erlangen.

Buddha-Geist → Bodhi-Geist.

Buddha-Natur; die eigentliche Natur aller Wesen, die wahre Natur, das wahre Wesen, das wahre Selbst.

Dai Kenshō, jap.; dieser Ausdruck bezeichnet die große Erleuchtung oder die Erfahrung des »Großen Todes«, bei der die eigene wahre Natur vollständig und jenseits aller Zweifel erkannt wird; → Kenshō.

Daisan, jap.; Begegnung unter vier Augen zwischen einem Zen-Schüler und einem → Sensei, bei der das Verständnis des Schülers geprüft und der Schüler angespornt wird. Der Schüler kann den Lehrer im Daisan zu jeder Angelegenheit konsultieren, die direkt seiner Übung und Zen-Praxis entspringt.

Daisetz Teitaro Suzuki → Suzuki, D. T.

Dai Shin, jap.; erhabener Geist oder großes Herz, auch Großer Geist genannt. Man wird nicht mehr von Ich-Bezogenheit bestimmt.

Dāna-Pāramitā, Skrt., Pali; → Pāramitās.

Dharma, Skrt.; die Lehre → Shākyamuni Buddhas, die Wahrheit, die buddhistische Lehre, das universelle Gesetz.

Dharma-Gefecht (jap. Hossen); ein schneller Wortwechsel, bei dem zwei Zen-Schüler oder Schüler und Lehrer ihr Verständnis erproben und schärfen.

Dharmakāya, Skrt. (jap. Hosshin); der erste der drei Aspekte der → Buddha-Natur, die auch als die »drei Körper« (Skrt. Trikāya) bezeichnet werden. Dharmakāya bezeichnet das Absolute jenseits aller Unterscheidung, die unbeschreibbare Wahrheit und transzendente Wirklichkeit, die Einheit des → Buddha mit allen Wesen. Der zweite Aspekt, Sambhogakāya, bezieht sich auf die Buddhas, die die Kraft manifestieren, die aus vollkommener Erleuchtung kommt. Der dritte Aspekt, Nirmānakāya, ist → Buddha-Natur in menschlicher Gestalt, die zum Nutzen aller Lebewesen wirkt.

Dharma-Nachfolger, auch Dharma-Erbe (jap. Hassu); ein Zen-Schüler, der mindestens den gleichen Grad der Erleuchtung erlangt hat wie sein Meister und von diesem dazu ermächtigt wurde, dessen → Dharma weiterzuführen und auf weitere Nachfolger zu übertragen. Seit → Shākyamuni Buddha bis heute wird der Dharma auf diese Weise von Lehrer zu Schüler weitergegeben (Vgl. → Mumokan, Fall Nr. 6); → Inka.

Dharma-Rede, Dharma-Vortrag → Teishō.

Dharmas, Skrt.; Erscheinungen, Elemente oder Bestandteil der Existenz.

Diamant-Sūtra (Skrt. Vajrachchedikā-Prajñāpāramitā-Sūtra, wörtl.: »Sūtra vom Diamantschneider der Höchsten Weisheit«, jap. Kongo kyō); ein in der Zen-Schule hochgeschätzter Text, der die Lehre von Shūnyatā (dt. → Leerheit) und → Prajñā verkündet. Beim Hören einer Phrase dieses → Sūtra erlangte der Sechste → Patriarch, → Hui-neng, Erleuchtung.

Dōgen Kigen Zenji, jap., 1200–1253; nach neun Jahren Training unter → Rinzai, begab sich Dōgen Zenji auf die schwierige Reise nach China, wo er bei T'ien-t'ung Ju-ching (jap. Tendō Nyojō) studierte und dessen → Dharma-Nachfolger in der → Sōtō-Linie des Zen wurde. Dōgen Zenji gilt als Begründer der japanischen Sōtō-Schule, und er errichtete das Hauptkloster der Sōtō-Schule Eihei-ji. Er ist bekannt für die Sammlung seiner Dharma-Abhandlungen → Shōbō-genzō.

Dōjō, jap., wörtl.: »Weg-Halle« (auch → Zendō); ein Ort der Übung des Weges.

Dokusan, jap. (sprich: Dok'san); Begegnung unter vier Augen zwischen einem Zen-Schüler und einem → Rōshi, bei der das Verständnis des Schülers geprüft und der Schüler angespornt wird. Der Schüler kann den Lehrer im Dokusan zu jeder Angelegenheit konsultieren, die direkt seiner Übung und Zen-Praxis entspringt.

Dual, Dualismus, Dualität; diese Begriffe benutzt Genpo Sensei als Ausdruck für die unterscheidende Funktionsweise unseres Geistes, alles zu beurteilen und in gegensätzliche Kategorien einzuteilen wie gut/schlecht, richtig/falsch, Mögen/Ablehnen, Ich/Du, Subjekt/Objekt usw.

Duhkha, Skrt.; die erste der Vier Edlen Wahrheiten, die → Shākyamuni Buddha lehrte. Sie bezeichnet unser grundlegendes Unbefriedigtsein, unser Leiden, unsere Entfremdung und Einsamkeit, die Tatsache, daß wir nicht in Frieden leben. Die Zweite Edle Wahrheit nennt als Ursache dieses Leidens unser Begehren und Verachten, unsere Zuneigung und Abneigung, die aus Unwissenheit, Ignoranz und Verblendung entstehen. Die Dritte Edle Wahrheit erklärt, daß die Befreiung von allen Anhaftungen vollständigen Frieden, → Nirvāna, bringt. Die Vierte Edle Wahrheit ist der → Achtfache Pfad, der zu dieser Befreiung führt.

Eka; der japanische Name des Zweiten → Patriarchen Hui-k'o, 487–593, der von → Bodhidharma die Dharma-Übertragung empfing und sie an Sosan (chin. Seng-ts'an), den Dritten Patriarchen, weitergab, dem das Hsin-hsin-ming zugeschrieben wird. Eka ist berühmt für seinen unaufhaltsame Entschlossenheit, Bodhidharmas Schüler zu werden. Als er Bodhidharma anflehte, seinen Geist zur Ruhe zu bringen, forderte Bodhidharma Eka auf, ihm diesen Geist zu zeigen. Als Eka nach zehn Tagen unaufhörlicher Bemühung wiederkam und erklärte, daß es ihm unmöglich sei, seinen Geist zu finden, bestätigte Bodhidharma, daß jetzt sein Geist zur Ruhe gekommen sei.

Enyadatta, Skrt.; eine Gestalt aus einer Geschichte, die von → Shākyamuni Buddha im Lotos-Sūtra erzählt wurde. Enyadatta glaubte, sie hätte ihren Kopf verloren, suchte ihn verzweifelt und weigerte sich zu glauben, daß sie ihn noch hatte. Die Suche Enyadattas nach ihrem Kopf stellt die Suche der Zen-Schüler nach ihrer wahren Natur das (siehe 6. Kapitel mit einer ausführlichen Erläuterung der Geschichte).

Gantō Zenkatsu, jap. (für chin. Yen-t'ou Ch'üan-huo), 828–887; einer von → Tokusans → Dharma-Nachfolgern und ein enger Dharma-Bruder von → Seppō. Gantōs großer Schrei im Moment seines Todes wurde ein berühmtes → Kōan für viele Nachfolger einschließlich des großen Meisters → Hakuin Zenji.

Gasshō, jap., wörtl.: »zusammengelegte Handflächen«; eine Geste der Hochachtung, die die Einheit des Seins ausdrückt.

Gebote (Skrt. Shila; jap. Kai); buddhistische Lehren über das persönliche Verhalten, die einerseits wörtlich als ethische Richtlinien zu schätzen sind, andererseits aber auch allgemeiner als Aspekte oder Eigenschaften der Wirklichkeit selbst. Während der Zeremonie des → Jukai nehmen die Zen-Schüler die folgenden Gebote an und versprechen, sie zu halten. Die Drei Schätze: Sei eins mit dem → Buddha. Sei eins mit dem → Dharma. Sei eins mit dem → Sangha. Die Drei Reinen Gebote: Handle nicht böse. Tu Gutes. Tu anderen Gutes. Die Zehn Großen Gebote: Töte nicht. Stehle nicht. Sei nicht gierig. Lüge nicht. Sei nicht unwissend aus Ignoranz. Sprich nicht über die Fehler anderer. Erhebe dich nicht selbst durch Kritik an anderen. Sei nicht geizig. Sprich nicht schlecht über die Drei Schätze.

Großer Tod → Dai Kenshō.

Hakuin Ekaku Zenji, jap., 1686–1769; der → Patriarch des japanischen → Rinzai-Zen, von dem alle heutigen Rinzai-Meister ihre Abstammung haben. Er systematisierte das → Kōan-Studium in der Form, wie wir es heute kennen, und ist bekannt für seine Zeichnungen und Malereien besonders von → Bodhidharma.

Hakuyu Taizan Maezumi → Maezumi Rōshi.

Hara, jap.; der untere Bereich des Unterleibs, in dem der physikalische Schwerpunkt des menschlichen Körpers liegt. Hara wird zu einem Zentrum der Aufmerksamkeit beim → Zazen.

Hosshin, jap. für → Dharmakāya.

Hui-neng, chin. (jap. E'nō), 638–713; Sechster → Patriarch des Zen in China. Es heißt, daß Hui-neng Analphabet war. Er wurde erleuchtet, als er noch als Laie die Rezitation des → Diamant-Sūtra hörte. Er wurde ein → Dharma-Nachfolger des Fünften Patriarchen, Hung-jen, und alle heutigen Linien des Zen stammen von ihm ab. Seine Lehre, die im Plattform-Sūtra (»Sūtra (gesprochen) vom Hohen Sitz des Dharma-Schatzes«) aufgezeichnet sind, betont die »plötzliche Erleuchtung« im Gegensatz zur »allmählichen Erleuchtung« der Nördlichen Schule des Ch'an (Zen) in China sowie die Identität von Meditation (Dhyāna) und Weisheit (→ Prajñā). Hauptsächlich durch ihn kam es zu weiter Verbreitung des Zen-Buddhismus während der T'ang Dynastie.

Hyakujō Ekai, jap. (für chin. Pai-chang Huai-hai), 720–814; Hyakujō legte die Regeln für das Verhalten der Mönche im Zen-Kloster fest. Er war der Lehrer von Ōbaku, der seinerseits der Lehrer von → Rinzai war.

Identität des Relativen und Absoluten (jap. Sandōkai für chin. Ts'an-t'ung-ch'i); eines der bedeutendsten Zen-Gedichte und tiefgründiges → Sūtra, das täglich in Zen-Klöstern der → Sōtō-Schule rezitiert wird.

Indras Netz; dieses Bild aus dem → Avatamsaka-Sūtra beschreibt ein kosmisches Netz mit einem Juwel an jedem Schnittpunkt. Jedes Juwel reflektiert das andere. So wie jedes Juwel alle anderen enthält, umfaßt jeder Moment des Bewußtseins die Einheit, die Verschiedenheit und die Wechselbeziehung von allem.

Inka, jap.; das besondere Siegel der Bestätigung, das hoch vervollkommneten → Dharma-Nachfolgern gegeben wird, die ihr → Kōan-Studium abgeschlossen und die Fähigkeit erlangt haben, selbst Schüler im Kōan-Studium und in der Übung des → Zazen zu leiten.

Jōshū Jūshin, jap. (für chin. Chao-chou Ts'ung-shen), 778–897; einer der bedeutendsten Zen-Meister Chinas; → Mu.

Jōriki, jap., wörtl.: »Kraft des → Samādhi«; die belebende, stabilisierende Energie, die aus intensiver → Zazen-Praxis entspringt.

Jukai, jap.; die Zeremonie, bei der die buddhistischen → Gebote empfangen und anerkannt werden. Wer die Gebote annimmt, wird dadurch formell ein Buddhist und erhält einen Dharma-Namen.

Kanzeon, auch Kannon oder Kan Ji Sai Bosa, jap. (chin. Kuan-yin, für Skrt. Avalokiteshvara), wörtl.: »Der die Klänge und Schreie (oder das Flehen) der Welt hört«; Kanzeon ist einer der hauptsächlichen → Bodhisattvas des Zen-Buddhismus und verkörpert großes Mitgefühl. Zwar wurde Kanzeon meist als weiblich dargestellt, jedoch erschien er üblicherweise immer in der Form, die den jeweiligen Bedürfnissen der Menschen am besten entsprach. In Genpo Senseis Worten steht Kanzeon für das Mitgefühl, die Liebe und die Barmherzigkeit in jedem von uns.

Karma, Skrt.; das Prinzip der Kausalität, welches besagt, daß es zu jeder Wirkung eine Ursache gibt. Im menschlichen Bereich bewirkt es, daß wir durch unsere Handlungen die Qualität unseres Lebens bestimmen und das Leben anderer beeinflussen.

Keizan Jōkin Zenji, jap., 1268–1325; ein japanischer Zen-Meister, der unter → Dōgen Zenjis Schüler Koun Ejo ein Mönch wurde. Er gründete Klöster in ganz Japan einschließlich des Klosters Soji-ji, das heute eines der beiden Hauptklöster des → Sōtō-Zen in Japan ist. Er ist der Vierte → Patriarch des japanischen Sōtō-Zen und der bedeutendste nach Dōgen Zenji.

Kenshō, jap., wörtl.: »Selbstwesensschau«; eine Erleuchtungserfahrung, auch als Satori bezeichnet.

Kinhin, jap.; Übung des → Zazen im Gehen, die gewöhnlich für fünf oder zehn Minuten zwischen den Perioden des Zazen im Sitzen gemacht wird.

Kōan, jap. (chin. Kung-an), wörtl.: »öffentlicher Aushang«; in der Zen-Tradition eine Erklärung, Frage, Anekdote oder ein Dialog, der intellektuell nicht verstanden oder gelöst werden kann. Die Meditation über ein Kōan führt dazu, den Intellekt zu überschreiten und die nichtduale Natur der Wirklichkeit zu erfahren (→ Dual). Kōans werden dem Zen-Schüler vom Lehrer gegeben, um ihn zur Erkenntnis zu bringen und ihm zu helfen, sein Verständnis zu vertiefen. Aus chinesischen und japanischen Quellen sind etwa eintausendsiebenhundert Kōans aufgezeichnet. Viele davon geben einen Dialog zwischen Meister und Schüler wieder oder die Erleuchtungserfahrung eines Meisters und sind als »Fälle« in verschiedenen Kōan-Sammlungen verzeichnet. Die bemerkenswertesten Sammlungen sind das → »Mumonkan, Die torlose Schranke«, »Die Niederschrift von der blaugrünen Felswand« (chin. Pi-yen-lu bzw. Bi-Yän-Lu; jap. Hekigan-roku), »Das Buch des Gleichmuts« (jap. Shōyō-roku) und »Aufzeichnungen des Mönchs Keizan über die Weitergabe des Lichts« (jap. Denkō-roku); → Kōan-Studium.

Kōan-Studium; das intensive, nichtintellektuelle Studium von → Kōans in der Zen-Meditation. Das normale diskursive Denken wird umgangen und der Schüler wird ermutigt, direkte, spontane Antworten zu geben, die den Kern des Problems ausdrücken. Das Kōan-Studium hilft dem Schüler, die Struktur des → Dharma zu erfahren und sein oder ihr → Prajñā zu schärfen.

Kodo Sawaki Rōshi, jap., 1880–1965; ein berühmter Sōtō-Zen-Mönch, der jede Form von institutionalisierter Praxis mied und nie einen eigenen Tempel hatte. Er reiste sehr viel durch Japan und lehrte → Zazen.

Koryu Osaka Rōshi, jap., gest. 1985; ein japanischer Rinzai-Zen-Meister, von dem → Maezumi Rōshi, der Lehrer von Genpo Sensei, 1972 → Inka empfing.

Leerheit (Skrt. Shūnyatā, jap. Kū); die grundlegende Natur aller Erscheinungen.

Maezumi Rōshi (Hakuyu Taizan Maezumi), jap.; Abt des Zen Center of Los Angeles und Lehrer von Genpo Sensei. Maezumi Rōshi empfing zunächst von seinem Vater, dem Sōtō-Zen-Meister Kuroda Rōshi, die → Dharma-Übertragung, später vom Rinzai-Meister

→ Koryu Osaka Rōshi und 1970 vom Sōtō- und Rinzai-Meister Hakuun Ryoko → Yasutani Rōshi. 1972 erhielt er → Inka von Koryu Osaka Rōshi.

Mahāyāna, Skrt., wörtl.: »Großes Fahrzeug«; eine der beiden großen Schulen des Buddhismus. Während das Hīnayāna (wörtl.: »Kleines Fahrzeug«) die eigene Erlösung anstrebt, will der Anhänger des Mahāyāna zum Wohl aller Wesen wirken. Diese Haltung ist im Ideal des → Bodhisattva verkörpert, dessen hervorragendste Eigenschaft das Mitgefühl ist; → Zen ist eine der Schulen des Mahāyāna.

Mañjushrī, Skrt. (jap. Monju); der → Bodhisattva der Weisheit, der oft auf einem Löwen reitend dargestellt wird mit dem Schwert der Weisheit in der Hand, das die Verblendung zerschlägt. Mañjushrī Bodhisattva wird im Zen-Buddhismus besonders verehrt und ist normalerweise auf dem Altar im → Zendō zu finden.

Mu, auch Muji, jap. (chin. Wu); das Schriftzeichen Mu ist verneinend. Mu wird im Zen benutzt, um direkt auf die Wirklichkeit zu zeigen. Es ist ohne inhaltliche Bedeutung. Die Benutzung des Wortes Mu in diesem Sinn geht auf Jōshū Jūshin (chin. Chao-chou Ts'ung-shen), 778–897, zurück. Als ein Mönch ihn fragte: »Hat ein Hund → Buddha-Natur?«, antwortete er direkt: »Mu!« Diese Begebenheit dient als Eröffnungs-Kōan im → »Mumonkan, Die torlose Schranke« und ist oft das erste → Kōan, mit dem Zen-Schüler in ihrem → Kōan-Studium konfrontiert werden. Der Ausdruck Mu wird oft als Synonym für → Leerheit benutzt.

Mumon Ekai, jap. (für chin. Wu-men Hui-k'ai), 1183–1260; ein Schüler von Meister Gatsurin Shikan (chin. Yüeh-lin Shik-kuan). Nachdem Mumon sechs Jahre an Jōshūs → Mu gearbeitet hatte, erfuhr er → Dai Kenshō, als er den Klang einer Trommel hörte. Er schrieb die bekannte Kōan-Sammlung → »Mumonkan, Die torlose Schranke«, in der das erste → Kōan Jōshūs »Mu« ist.

Mumonkan, Die torlose Schranke, jap. (für chin. Wu-men-kuan); eine bedeutende Kōan-Sammlung von → Mumon Ekai, in der die vierundachtzig Fälle (→ Kōans) aufgezeichnet sind.

Nasrudin, Mullah; eine legendäre Figur, Weiser und Narr, aus Geschichten des mittleren Ostens im frühen zwölften Jahrhundert. Die Aussprüche und Taten Mullah Nasrudins haben eine charakteristische Ironie und sind voller bodenständigem Humor.

Nirvāna, Skrt. (jap. Nehan); ein nichtdualistischer Zustand jenseits von Leben und Tod (→ Dual). Die ursprüngliche Bedeutung des Ausdrucks war »Verlöschen oder Ausbrennen durch Mangel an Brennstoff«, was die völlige Erschöpfung von Unwissenheit und Begierde umschreibt. Das Verlöschen oder Ausbrennen gibt ein Gefühl von weitem Raum, der vollkommen klar ist und nicht mehr voll von Wolken und Rauch. Nirvāna bezeichnet manchmal auch besonders den Zustand tiefer Erleuchtung, den → Shākyamuni Buddha erlangte.

Pāramitās, Skrt., wörtl.: »das andere Ufer erreicht haben«; die Pāramitās bezeichnen die Sechs Vollkommenheiten, die ein → Bodhisattva übt und die in Prajñā Pāramitā, »Vollkommene Weisheit«, gipfeln, welche die anderen fünf erfüllt. Die Pāramitās sind der natürliche Ausdruck des erleuchteten Geistes, des Geistes der Meditation. Die sechs Pāramitās sind Geben (Dāna), Sittlichkeit (Shīla), Geduld (Kshānti), Bemühung oder Kraft (Vīrya), Meditation (Dhyāna) und Weisheit (Prajñā). Mitunter werden noch vier weitere hinzugefügt: richtige Methode (Upāya), Entschlossenheit (Pranidhāna), Stärke (Bala) und Wissen (Jñāna).

Patriarch; genaugenommen gebührt dieser Titel nur den vierunddreißig → Dharma-Nachfolgern von → Shākyamuni Buddha bis zum Sechsten (chinesischen) Patriarchen → Hui-neng (jap. E'nō), 638–713. Im allgemeinen wird dieser Ehrenname jedoch auch für Zen-Meister von außergewöhnlichen Fähigkeiten benutzt.

Prajñā, Skrt. (jap. Hannya); Erleuchtungsweisheit; Weisheit, die über die → Dualität von Subjekt und Objekt hinausgeht; → Pāramitās.

Rinzai Gigen, jap. (für chin. Lin-chi I-hsüan), gest. 866; Rinzai war einer der großen Meister der T'ang Dynastie in China und der Gründer der Rinzai-Schule des Zen. Er ist berühmt dafür, daß er besonderen Wert auf Erleuchtung legte und für seine energische Anwendung von → Kōans in der → Zazen-Praxis. Rinzai war ein → Dharma-Nachfolger von Ōbaku Kiun (chin. Huang-po Hsi-yün).

Rōshi, jap., wörtl.: »alter (verehrungswürdiger) Meister«; eine ehrenvolle Anrede für einen Zen-Meister.

Ryūtan Sōshin, jap. (für chin. Lung-t'an Ch'ung-hsin); ein großer chinesischer Zen-Meister des neunten Jahrhunderts.

Samādhi, Skrt. (jap. Sanmai oder Zanmai); ein Zustand des Geistes, der durch Aufmerksamkeit auf einen Punkt gekennzeichnet ist. Ein nichtdualistischer Zustand von Bewußtsein; → Dual.

Samsāra, Skrt., wörtl.: »Strom des Werdens«; die Erfahrung des Leidens, das aus Verblendung kommt, wie sie in der zweiten von Buddhas Vier Edlen Wahrheiten verkündet wurde. Samsāra spiegelt sich in den Umständen unseres gewöhnlichen täglichen Lebens wider, in dem das Hauptaugenmerk auf dem Bewahren der Vorstellung von

189

einem getrennten Selbst (Ego) liegt; → Duhkha; → Achtfacher Pfad.

Samu, jap.; Zazen in der Arbeit, meist körperliche Arbeit in Haus und Garten.

Sangha, Skrt.; die Bezeichnung Sangha (wörtl.: »Menge, Schar«) bezog sich ursprünglich auf die Gemeinschaft buddhistischer Mönche und Nonnen, später wurden jedoch auch Laien mit einbezogen. Im Zen ist diese Bezeichnung auch gleichbedeutend mit der harmonischen Wechselbeziehung zwischen allen Wesen, Erscheinungen und Ereignissen, also mit anderen Worten der Untrennbarkeit und harmonischen Funktion des → Buddha-Dharma.

Satori, jap.; → Kenshō.

Sechster Patriarch → Hui-neng.

Sensei, jap. (sprich: sense:); dieser Titel bedeutet »Lehrer«; → Rōshi.

Senzaki, jap., gest. 1958; als einer der Pioniere zog der Zen-Lehrer Nyogen Senzaki in den Westen und lebte seit 1905 bis zu seinem Tod in Los Angeles.

Seppō Gison, jap. (für chin. Hsüeh-feng I-ts'un), 822–908; Zen-Meister und → Dharma-Nachfolger von → Tokusan und Dharma-Bruder von → Gantō.

Sesshin, jap., wörtl.: »Sammeln und Regulieren des Geistes«; eine Zeit intensiver Zen-Meditation, die gewöhnlich sieben Tage dauert.

Shākyamuni, Skrt., wörtl.: »der Weise aus dem Geschlecht der Shākyas«; mit diesem Ehrentitel wird Siddhartha Gautama, der historische Buddha, nach seiner Erleuchtung bezeichnet.

Shikantaza, jap., wörtl.: »nicht als (shikan) treffend (ta) sitzen (za)«; bezeichnet → Zazen selbst, ohne Hilfsmittel wie Atemzählen oder → Kōan-Studium. Shikantaza wird charakterisiert durch intensives nichtdiskursives Bewußtsein; es ist »Zazen, bei dem Zazen um des Zazen willen gemacht wird«.

Shōbō, jap.; dieser Begriff bedeutet »der Wahre Dharma«; → Dharma.

Shōbō-genzō, jap.; »Die Schatzkammer der Erkenntnis des Wahren Dharma«, das Hauptwerk von → Dōgen Zenji, dem Gründer der japanischen Sōtō-Schule des Zen, umfaßt etwa fünfundneunzig Artikel von großer Vielfalt an buddhistischen Themen und gilt als eines der tiefgründigsten und hervorragendsten Werke der buddhistischen Literatur.

Shūnyatā, Skrt. → Leerheit.

Sōtō-Schule; die Abstammungslinie des Zen, die auf die Zen-Meister Tung-hsan Liang-chien (jap. Tōzan Ryōkai, 807–869) und

Ts'ao-sahn Pen-chi (jap. Sōzan Honjaku, 840–901) zurückgeht. Der japanische Zweig wurde von Zen-Meister → Dōgen Kigen (1200–1253) und Keizan Jōkin (1268–1325) gegründet.

Soyen Shaku Rōshi, jap., 1859–1919; der erste Zen-Meister, der sich stark darum bemühte, die Lehre des Zen in die Vereinigten Staaten zu bringen. Er war der Lehrer von Nyogen → Senzaki und → D. T. Suzuki und hatte großen Einfluß auf viele, die Anfang dieses Jahrhunderts den → Dharma im Westen verbreiteten.

Sūtra, Skrt., wörtl.: »ein Faden, auf dem Juwelen aufgereiht sind«; eine Schrift des buddhistischen Kanons. Sūtras gelten als die überlieferten Reden und Dialoge → Shākyamuni Buddhas und verschiedener anderer buddhistischer Personen.

Suzuki, D. T., jap., 1870–1966; Daisetz Teitaro Suzuki war lange Zeit einer der bekanntesten und meistgelesenen Interpreten des Zen im Westen. Er hatte sich in gewissem Maße einem Laientraining im Zen unterzogen und hegte tiefe Sympathie für das shinto-buddhistische Vertrauen. Er spezialisierte sich auf die intellektuelle Interpretation des Zen-Trainings und der → Sūtras des → Mahāyāna.

Suzuki, Shunryū, jap., 1905–1971; Zen-Meister der Sōtō-Schule, der 1958 in die USA ging und dort das erste Sōtō-Zen-Kloster im Westen gründete.

Tao, chin., wörtl.: »Weg«; der Begriff Tao wird benutzt, um → Buddha-Natur oder den Weg der oder zur Erleuchtung zu bezeichnen. Da Zen eine Verbindung zwischen indischem Buddhismus und chinesischem Taoismus ist, hat der Begriff Tao historische Bedeutung.

Teishō, jap., (sprich: te:scho:); ein formeller Kommentar eines Zen-Meisters zu einem → Kōan oder anderen Zen-Text. Ein Teishō ist im strengsten Sinne nichtdualistisch, was es von einem gewöhnlichen diskursiven Vortrag über ein buddhistisches Thema unterscheidet. In diesem Buch werden für Teishō die Begriffe Dharma-Vortrag oder Dharma-Rede benutzt.

Tokusan Senkan, jap. (sprich: Tok'san), (für chin. Te-shan Hsüanchien), 781–867; ein sehr einflußreicher Lehrer, von dem neun bedeutende Zen-Meister Dharma-Übertragung erhielten. Nachdem Tokusan zunächst lange Zeit in Zurückgezogenheit gelebt hatte, wurde er berühmt für die mitfühlende Strenge seines Unterrichts: »Dreißig Schläge, wenn du sprichst – dreißig Schläge, wenn du nicht sprichst!«

Vier Edle Wahrheiten → Duhkha, → Achtfacher Pfad.

Vier Gelübde; »Die Lebewesen sind zahllos. Ich gelobe, sie alle zu retten. Die Begierden sind unerschöpflich. Ich gelobe, sie alle zu beenden. Die Dharma-Lehren sind grenzenlos. Ich gelobe, sie alle zu meistern. Der Buddha-Weg ist endlos. Ich gelobe, ihn zu vollenden.« Die Zen-Schüler rezitieren diese Gelübde täglich als Ausdruck ihrer Bemühung.

Vimalakirti, Skrt.; eine zentrale Figur aus dem Vimalakirtinirdesha-Sūtra, einem bedeutenden Text des → Mahāyāna. Die spirituelle Vervollkommnung Vimalakirtis übertraf alle anderen einschließlich der aller großen → Bodhisattvas. Er verkörpert die Annahme der Mahāyāna, daß das Wichtigste in der Praxis nicht ausschließlich auf die beschränkt ist, die ordiniert sind, und sein Schweigen hinterfragt den Wert verbaler Beredsamkeit beim Beschreiben des Satori (→ Kenshō). Vimalakirti identifiziert sich vollkommen mit Krankheit und Leiden aller Wesen, indem er ihre Krankheit auf sich nimmt. Er lehrt → Mañjushrī, dem Bodhisattva der Weisheit, daß ein Bodhisattva jedes Wesen liebt, als wäre es sein einziger Sohn. Er ist mit krank, wenn dieser krank ist und geheilt, wenn er wieder gesund ist.

Wu, Kaiser; als → Bodhidharma in China ankam, wurde er an den Hof des buddhistischen Kaisers Wu geladen. Sehr zum nachträglichen Bedauern des Kaisers erkannte dieser nicht, wer Bodhidharma war, und konnte die Bedeutung seiner Lehre nicht erfassen (vgl. Hekigan-roku, Fall Nr. 1; → Kōan). Später, nachdem Bodhidharma abgereist war, schickte der Kaiser seine Tochter zu ihm zur Unterweisung, und sie wurde eine seiner vier wichtigsten Schüler.

Yasutani Rōshi, jap. (sprich: Yas'tani), (Hakuun Ryoko Yasutani), 1885–1973; ein bedeutender Zen-Meister der Moderne. Lehrer von → Maezumi Rōshi, dem Lehrer von Genpo Sensei.

Yin-yang, chin.; die zwei polaren Energien in der taoistischen Philosophie. Die Wechselwirkung von Yin und Yang ist die Quelle des Universums. Yin ist der weibliche, passive, empfangende, dunkle und weiche Aspekt und Yang der männliche, aktive, kreative, helle und harte.

Zazen, jap., wörtl.: »Sitzen (Za) in → Samādhi (zen)«; Zazen bezeichnet die Praxis der Meditation im Zen, die diese beiden Elemente enthält. Weder Sitzen noch Konzentration kann jedoch die Gesamtheit des Zazen umschreiben, wozu es bei → Hakuin Zenji heißt: »Kein Lob wird seinem Wert gerecht«, und bei → Dōgen Zenji: »Der WEG der → Buddhas und → Patriarchen ist nichts als Zazen. Verfolge nichts anderes.«

Zen, jap.; eine Schule des Buddhismus, in der die Hauptbetonung auf → Zazen liegt, der Sitz-Meditation. Das Wort Zen ist die japanische Lesart des chinesischen »Ch'an«, das seinerseits die Übernahme des Sanskrit-Wortes »Dhyāna« ist, was jeweils »Meditation« oder »Konzentration« bedeutet. Hier bedeutet Zen jedoch Meditation in allen ihren Aspekten und nicht nur bloß Konzentration oder → Samādhi.

Zendō, jap., wörtl.: »Zen-Halle«; ein besonderer Ort zur Praxis des → Zazen.

Zenji, jap., wörtl.: »Zen-Meister«; Ehrentitel für Meister von hohem Rang oder außergewöhnlichen Fähigkeiten.

Zum Autor

Dennis Genpo Merzel, auch Genpo Sensei, geboren 1944, ist Gründer und Lehrer des Kanzeon Zen-Zentrums in Salt Lake City, Utah, und Dharma-Nachfolger von Hakuyu Taizan Maezumi Rōshi, der sowohl die Lehrmeinung der Rinzai- als auch der Sōtō-Schule des Zen-Buddhismus traditionsgemäß weitergegeben hat. Das Kanzeon Sangha unterhält weitere Zentren in den USA und Europa. In Utah hat Genpo Sensei ein Zen-Trainings-Jahresprogramm eingerichtet.

Genpo Sensei und sein Zentrum sind unter folgender Adresse zu erreichen:

Kanzeon Zen Center
1247 E. South Temple
Salt Lake City
Utah 84102 USA

Zu seinen Schülern kann in Deutschland unter folgenden Adressen Kontakt aufgenommen werden:

Dr. Linda Myoki Lehrhaupt
Hauptstraße 6
Zentrum Torweg
50181 Bedburg Alt-Kaster
Tel. 0 22 72/8 34 34
Fax 0 22 72/8 25 01

Stefan Lindner
Königsberger Straße 44
01324 Dresden

Danksagung

Der White Pine Press und Richard B. Clarke danke ich für die freundliche Erlaubnis, eine modifizierte Version von Clarkes *Hsin-hsin-ming*-Übersetzung (White Press, New York 1984) abzudrucken.

Dank gilt auch dem Zen-Zentrum Los Angeles für die Genehmigung, bestimmte Begriffserklärungen aus den Glossaren der beiden von Hakuyu Taizan Maezumi und Bernard Tetsugen Glassman herausgegebenen Bücher *On Zen Practice II* (Zen Center of Los Angeles, 1976) und *The Hazy Moon of Enlightenment* (Zen Center of Los Angeles, 1977) zu entnehmen.

Des weiteren danke ich den Mitarbeitern des Kanzeon-Zen-Zentrums – insbesondere dem Herausgeber dieses Buches, Stephen Muho Proskauer –, die viele Monate damit verbracht haben, meine mündlichen Ausführungen in einen lesbaren Text umzuwandeln. Ohne ihren Einsatz hätte dieses Buch nicht erscheinen können.

Vor allem aber danke ich meinem verehrten Lehrer Taizan Maezumi Rōshi, der den Dharma unter Einsatz all seiner Kräfte nach Nordamerika verpflanzt hat. Ich stehe auf ewig in seiner Schuld.

Dennis Genpo Merzel
(Genpo Sensei)

ZEN in Diederichs Gelbe Reihe

Thomas Hoover
Die Kultur des Zen
DG 44, 272 Seiten mit 33 Fotos

Viele Wege führen zum Zen und vom Zen zu uns. Durch die verschiedenen Künste lernen wir ihn am ehesten kennen. „Was ist das Wesen des Zen? – Offene Weite, nichts von heilig." – Die wichtigste aller Lehren des Zen lautet, daß wir damit beginnen sollten, die Kunst und die Welt um uns herum zu erleben, anstatt sie zu analysieren.

Achim Seidl
Das Weisheitsbuch des Zen
Koans aus dem Bi-Yän-Lu
DG 98, 320 Seiten mit Abbildungen

Eine essentielle Auswahl von Koans aus dem Bi-Yän-Lu in der Übersetzung Wilhelm Gunderts und zugleich eine versierte Einführung in die A-Logik dieser Frage-und-Antwort-Spiele der großen Zen-Patriarchen: „Blitzartige Zündfunken für existentielle Erleuchtungen, ein herber Zaubertrank, gemischt aus ichloser Philosophie und heiliger Gottlosigkeit, aus gemalten Gedichten, Tiefenpsychologie und todlustigem Spiel…"

Rients R. Ritskes
Zen für Manager
DG 103, 144 Seiten

„Das Buch zeigt, wie wir selbst einen besseren Einblick in die Art unseres Denkens bekommen können. Ein solcher Einblick wird dazu führen, daß wir unser kreatives Potential in Denken und Handeln besser ausnutzen. Viel wichtiger als praktische Tips ist die Fähigkeit, schnell, flexibel und kreativ zu denken. Darin zeigt sich der hellere Kopf."

Eugen Diederichs Verlag

ZEN in Diederichs Gelbe Reihe

Robert Aitken
Zen als Lebenspraxis
DG 78, 192 Seiten

Die Grundlage des Zen in der Praxis des Zazen – aus diesem Zentrum fließt alles, was Zen ausmacht: richtiges Atmen, Haltung, tägliche Übung, das Studium der Koans. Aitken stellt in klarem, methodischem Aufbau und einer verständlichen Sprache den Zusammenhang von Lehre und angewandter Praxis her. In neunfacher, sich steigernder Abstufung verfolgt er zwei Ziele: ein Handbuch des Zen zu schaffen, das einen systematischen Leitfaden für Anfänger darstellt – und zudem in der Fülle des Materials auch einen Anreiz für Fortgeschrittene zu geben.

„Trotz all der klugen Bücher, die in den letzten Jahrzehnten zum Thema Zen erschienen sind, verfügen wir bis heute über keines, das die alltägliche Übungspraxis so lebendig und anschaulich beschreibt wie dieses."

Gary Snyder

Robert Aitken
Ethik des Zen
DG 79, 256 Seiten

Dieses Buch ist die Weiterführung und ethische Vertiefung von *Zen als Lebenspraxis,* mit der Aitken zeigt, daß die Menschheit eine symbiotische Beziehung zu ihrer Umgebung eingehen kann und muß. In 21 Kapiteln, von denen die ersten den „Zehn Hauptgeboten" des Zen gewidmet sind, geht Aitken mit der Sichtweise des Zen auf Themen wie Umweltverschmutzung, Abtreibung und nuklearer Bedrohung ein: Die Ethik des Zen verlang nach geistiger Beweglichkeit und macht das Fehlen absoluter Regeln zum Prinzip. So wird selbst „sittliches Verhalten" zur relativen Größe, da es als von der jeweiligen Situation abhängig begriffen wird.

Eugen Diederichs Verlag

DIEDERICHS GELBE REIHE